Plauen:

Neubauten im Stadtteil Chrieschwitz

Aussichtsturm auf dem Kemmler

Malzhaus

Blick vom Aussichtsturm Kemmler auf die Stadt Plauen

ISBN 3-924492-55-7
Wir-Verlag Walter Weller, Meisenstraße 15-17, D-7080 Aalen, Telefon (07361) 3 14 25

Druck und Farbreproduktion: Grafische Betriebe Süddeutscher Zeitungsdienst, 7080 Aalen
Umschlagdruck: Wahl-Druck GmbH, 7080 Aalen
Buchbinderische Arbeiten: Leipziger Großbuchbinderei GmbH, O-7010 Leipzig
Schriftzug Titelseite: Klaus Adam, Grafiker, 7923 Königsbronn

Der Wir-Verlag dankt folgenden Autoren für ihre Textbeiträge (Seitenangabe in Klammern): Horst Becher, O-9800 Reichenbach (47); Dr. Peter Beyer, O-9800 Reichenbach (38); Rudi Fücker, O-9705 Grünbach (81); Hermann Gerisch, O-9802 Lengenfeld (23, 36, 39, 42); Franziska Hanel, 8670 Hof/Saale (66); Dr. Franz Hauschild, O-6600 Greiz (25); Dr. Axel Herrmann, 8670 Hof/Saale (56); Dr. Kurt Kauert, O-9652 Klingenthal (89); Otto Knopf, 8862 Helmbrechts (49, 52); Roland Lange, O-6570 Zeulenroda (25); Herta Lippold, O-6082 Breitungen (49); Helmut Martin, O-9700 Auerbach (84, 85, 88); Joachim Mensdorf, 9900 Plauen (12, 60); Hans Meyer, O-9659 Markneukirchen (71); Werner Pöllmann, O-9931 Siebenbrunn (8, 14, 15, 36, 63, 73, 92); Andreas Raithel, O-9800 Reichenbach (38, 42, 43, 46); Werner Rauh, O-6552 Gefell (32); Klaus Schreiner, O-6550 Schleiz (33); Siegfried Thomä, O-9930 Adorf (76, 77); Alfred Völkel, 8674 Naila (70); Karl-Heinz Zierdt, O-6603 Elsterberg (18, 22, 47); Günter Zill, O-9655 Schöneck (80); Horst Zippel, O-6851 Unterlemnitz (28).
Nachstehende Fotografen haben freundlicherweise Aufnahmen zur Verfügung gestellt (Seitenangabe in Klammern): Horst Becher, O-9800 Reichenbach (44, 48); Reinhard Feldrapp, Fotostudio, 8671 Issigau (7, 37, 41, 50, 51, 54, 55, 58, 59, 61, 64, 65, 67, 68, 69, 72, 75, 90); Hubert Fichtelmann, O-6550 Schleiz (2, 3, 11, 13, 30, 31, 34, 35); Ronny Ficker, O-9921 Arnoldsgrün (74); Christoph Georgi, Fotograf, O-9412 Schneeberg (11, 20, 75, 82, 86, 91); Joachim Mensdorf, O-9900 Plauen (12, 16, 62); Helmut Peterlein, Fotograf, O-6840 Pößneck (30).
Die übrigen Farbfotos wurden vom Wir-Verlag Walter Weller sowie Uli und Jürgen Weller aufgenommen.

Inhalt

Autorenverzeichnis

Drachenhöhle bei Syrau (Landkreis Plauen) – Naturgebilde „Gardine“

Die Syrauer Windmühle stellt ein Meisterwerk der Mühlenbaukunst dar und besitzt einen hohen kulturhistorischen Wert. ▷

Das sächsische Vogtland

Seit über 400 Jahren ist das sächsische Vogtland ein fest umrissenes Gebiet mit einer Fläche von 1400 Quadratkilometern. Seine Außengrenzen wurden fast vollständig im 16. Jahrhundert festgelegt.
Am ältesten ist der Verlauf der Grenze zu Böhmen bzw. zu den Gebieten, die später zu Böhmen kamen. 1459 wurde dazu der Vertrag von Eger geschlossen. Der älteste, heute noch vorhandene Grenzstein trägt die Jahreszahl 1544. Seit dieser Zeit wurde an der vogtländischen Südgrenze nichts mehr geändert bis auf einen Austausch von 94 ha Wald im Jahre 1937. Ein schmaler tschechoslowakischer Gebietsstreifen zwischen Oberbrambach und Raun wurde gegen eine Fläche am Großen Kranichsee im Forstrevier Rautenkranz ausgetauscht.
1524 bekam die vogtländische Südwestgrenze ihre heutige Form. Im Vertrag von Gefell einigten sich der Kurfürst von Sachsen und der Markgraf von Brandenburg-Kulmbach über deren Verlauf. Auch hier kam es zu einem Gebietsaustausch, als 1940 die Grenzlinie an die Reichsautobahn (heute A 72) angepaßt wurde und kleine Flächen zwischen Sachsen und Bayern wechselten, während in Ullitz die Straße längst vor der Grenze da war, so daß die Grenze nicht nachträglich an den Verkehrsweg angepaßt werden mußte.
Im Westen wurde das Vogtland vom Fürstentum Reuß jüngere Linie und im Norden vom Fürstentum Reuß ältere Linie begrenzt. Seit 1569 ist das Vogtland endgültiger Besitz des albertinischen Kursachsen, so daß die sächsisch-reußische Grenze dreieinhalb Jahrhunderte Bestand hatte. Nachdem der „Volksstaat Reuß" 1920 im Land Thüringen aufgegangen war, kam es auch hier zu einem Gebietsaustausch. 1928 wurden die sächsischen Anteile der Dörfer Stelzen und Spielmes gegen den thüringischen Anteil des Dorfes Görschnitz (bei Elsterberg) getauscht. Gleichzeitig sind auch Ex- bzw. Enklaven beseitigt worden. Bereits 1815 hatte das sächsische Vogtland durch den Wiener Kongreß seine Exklaven Gefell, Blintendorf, Sparnberg und Blankenberg an Preußen verloren, die 1945 thüringisch wurden.
Die vogtländische Ostgrenze entstand 1577, als der „Voigtländische Creis" geschaffen wurde. Kursachsen bestand damals aus sieben Kreisen und der Vogtländische war nach dem Neustädter Kreis (Neustadt/Orla, seit 1920 Thüringen) der zweitkleinste. Östlich des Vogtlandes lag der Erzgebirgische Kreis mit den Ämtern Zwickau und Schwarzenberg. Diese Verwaltungsgrenze hat bis auf zwei Ausnahmen sogar die kommunistische Gebietsreform unverändert überstanden. Aber die administrative Trennungslinie darf nicht mit der Landschaftsgrenze zwischen dem Erzgebirge und dem Vogtland verwechselt werden, die 10 bis 18 km weiter westlich liegt! Das 20 Quadratkilometer große Gebiet um Neumark gehörte zu keiner Zeit zum Vogtländischen Kreis. Erst 1874 kam es für nur 46 Jahre zur Amtshauptmannschaft Plauen und 1952 zum neugeschaffenen Kreis Reichenbach. Die zweite Änderung der vogtländischen Ostgrenze betrifft das Dorf Herlasgrün, das 1950 von der Vogtlandgemeinde Wildenau in die Erzgebirgsgemeinde Obercrinitz überwechselte, was aufgrund der örtlichen Gegebenheiten vernünftig war.
Die Tatsache, daß das Vogtland mehr als drei Jahrhunderte als territoriale Einheit verwaltet wurde, ist der Hauptgrund dafür, daß sich der Vogtlandbegriff in Sachsen zum Eigennamen entwickelt hat. Nur hier werden viele Ortsnamen bis heute mit dem Zusatz „Vogtland" versehen. Außerhalb Sachsens geriet diese Bezeichnung fast in Vergessenheit oder wurde absichtlich kaum noch benützt. So waren beispielsweise die Reußen als wahre Nachkommen der Vögte souveräne Landesfürsten geworden. Die Verwendung des Vogtstitels hätte sie aber als ursprünglich abhängige kaiserliche Beamte bloßgestellt.
Heute wird das reußische Vogtland als Kern des größeren thüringischen Vogtlands betrachtet. Die Kreise Gera, Greiz, Zeulenroda, Schleiz und Lobenstein bildeten einst die Reichsfürstentümer Reuß ältere Linie mit der Residenz in Greiz und Reuß jüngere Linie mit der Residenz in Gera. Weida, die Keimzelle der Vögte, war aber nicht reußisch. Doch diese Gegend wurde gemeinsam mit den reußischen Gebieten und vielen anderen Kleinstaaten 1920 zum neuen Land Thüringen vereinigt, zu dem 1945 noch ehemals preußische Landesteile dazukamen (z. B. Erfurt, Ziegenrück, Gefell und andere).

Das böhmische Vogtland

Eine historische Betrachtung

Der letzte Stauferkaiser, Friedrich II., soll am 10. Mai 1232 dem Vogt Heinrich V. von Weida das Gebiet um die Märkte Asch und Selb als Dank für dessen Unterstützung bei einem Palästinakreuzzug auf Lebenszeit geschenkt haben. Acht Jahre später starb der Weidaer Kreuzritter kinderlos und seine Erben hätten Asch und Selb ans Reich zurückgeben müssen. Doch Kaiser Friedrich, der sich in Italien aufhielt, wußte nichts vom Tode seines „Waffenbruders". Als er selbst 1250 gestorben war, blieb das „Heilige römische Reich deutscher Nation" 23 Jahre ohne Oberhaupt (Interregnum) und die Vögte betrachteten Asch und Selb schon als ihr Eigentum. Jedoch nachdem Rudolf von Habsburg den Thron bestiegen hatte, sollten sie das widerrechtlich einverleibte Gebiet herausgeben. Aber Vogt Heinrich von Plauen wollte sich von dem kolonisierten Landstrich nicht trennen. Er bot dem Kaiser ein Darlehen von 600 Mark (140 kg Feinsilber) an, wenn dieser ihm dafür als Pfand Asch und Selb mit den dazugehörigen Dörfern überließe. In einer Urkunde vom 8. August 1281 wurde diese Verpfändung in Nürnberg besiegelt. Der ins Deutsche übertragene Text lautet:

„Wir, Rudolf, von Gottes Gnaden römischer König, bekennen mit diesem Schreiben und wollen allen zu wissen tun, daß Wir dem gestrengen Manne Heinrich, Vogt von Plauen, und Seinen Söhnen die Märkte Asch und Selb (Asche et Selewen) mit allen ihren Rechten und Zugehörungen für 600 Mark Silbers... als rechtes Pfand überlassen, bis Ihnen die erwähnten 600 Mark von Uns oder Unseren Nachfolgern zurückgezahlt werden..."
Die kleine Herrschaft Neuberg nordöstlich von Asch lag nun wie eine Insel im vögtischen Gebiet. Albrecht von Neuberg fühlte sich von den Plauenern bedroht und suchte Schutz unter der Krone Böhmens. Am 16. Mai 1331 wurde der diesbezügliche Lehensbrief von König Johann unterschrieben. Johann hatte schon 1322 ebenfalls für militärischen Beistand das innere Egerland als Pfand für 20 000 Mark Silber von Kaiser Ludwig dem Bayer erhalten. Um das Egerer Gebiet mit Neuberg zu vereinen, sollten die Vögte aus Asch weichen. Es war nicht leicht, dem böhmischen König, dem 1385 eine größere Machtstellung als Kaiser Ludwig nachgesagt wird, standzuhalten. Er hätte ja einfach 600 Mark an den Plauener Vogt zahlen und damit das Pfand wieder auslösen können. Aber Johann wollte Asch ohne großen Finanzaufwand bekommen. Er bescheinigte „seiner" Stadt Eger, daß Asch und Selb für alle Zeiten zum Egerland gehören sollten. Nach Johanns Tod wurde sein Sohn Karl erst König von Böhmen und ein Jahr später, als Ludwig starb, auch deutscher Kaiser (Karl IV.). Nun konnten sich die Plauener nicht länger in Asch und Selb halten. 1357 verloren sie Selb, das dem egerländer Rittergeschlecht der Forster als Reichslehen übertragen und 56 Jahre später an die Nürnberger Burggrafen verkauft wurde. Asch und Umgebung ist ihnen auch weggenommen worden, und als sie sich wegen der nicht erfolgten Rückzahlung der Pfandsumme beschwerten, bekamen sie 1387 für die beiden aufblühenden Marktflekken Asch und Selb von Karls Nachfolger Wenzel IV. zwei armselige Dörfer, Heiligenkreuz und Neudorf bei Tachau, als Ersatz.
1385 ging die Herrschaft Neuberg durch Erbschaft auf die eingeheiratete Familie von Zedtwitz über. Diese verhinderte die Versuche, ihr Gebiet mit dem Egerland zu verschmelzen erfolgreich. Am 30. Juli 1422 fügte Kaiser Sigismund das Gebiet um Asch in die zedtwitzsche Herrschaft Neuberg mittels Lehensbrief ein. Ferdinand I. hat als böhmischer König den Zedtwitzen zwar ihre Neuberger Privilegien bestätigt. Noch bevor der Habsburger deutscher Kaiser geworden war, übertrug er aber dem Meißener Burggrafen Heinrich IV. von Plauen 1548 die Herrschaft Neuberg-Asch als Lehen mit der Maßgabe, daß dieser seinerseits die Zedtwitze damit belehnen soll. Diese Auflage erfüllte Heinrich am 7. August 1551. Ihm, der als Oberstkanzler höchster Dienstmann in der Verwaltung des Königreichs Böhmen war, wird vorgeworfen, die eingangs genannte Urkunde von 1232 gefälscht zu haben, um mit dem Besitz von Asch und Selb – schon vor der Verpfändung von 1281 in den Händen seiner Vorfahren – ältere Rechte vorzutäuschen. Deshalb gilt auch nicht 1232 sondern erst 1281 als das Jahr der ersten urkundlichen Erwähnung von Asch und Selb.
Aber das Ascher Gebiet war nur kurz ein Afterlehen der Plauener. 1557 zog es Kaiser Ferdinand I. wieder ein und die Söhne Heinrichs IV. waren nicht in der Lage, das Erbe ihres Vaters zu halten. Sie verloren alles, nachdem sie den im Ergebnis des Schmalkaldischen Krieges wiedergewonnenen vogtländischen Besitz der Familie 1560 an Kursachsen verpfändet hatten. Weil sie es nicht wieder auslösen konnten, kam dieser Teil des Vogtlandes 1569 endgültig an die albertinischen Wettiner. Denn wäre das Plauener Vogtland, das zuletzt 110 Jahre böhmisches Lehensgebiet war, an die Krone Böhmens gekommen, so wäre es vielleicht heute ein Teil der Tschechoslowakei. Die reichsfreie Herrschaft Asch mußte diesen Weg gehen. Zwar hätten die markgräflich-brandenburgischen Nachbarn im Westen und die kurfürstlich-sächsischen Nachbarn im Osten dieses deutsche Lehen der Krone Böhmens auch gerne erworben, besonders nachdem es mit ihrer Hilfe gelungen war, die Gegenreformation dort zu verhindern. Aber lediglich sechs Dörfer zwischen Asch und Selb waren am 26. Oktober 1626 von der Herrschaft Asch an die Markgrafschaft Brandenburg-Bayreuth gekommen, kirchlich aber bis 1945 bei Asch geblieben. Der klugen Politik der Grafen von Zedtwitz ist es zu verdanken, daß das Ascher Ländchen bis 1775 seine staatsrechtliche Eigenständigkeit bewahren konnte. Erst Maria Theresia hat dann zwangsweise das böhmische Lehensgebiet in böhmisches Hoheitsgebiet umgewandelt. Nur das evangelische Bekenntnis durfte bleiben und bis 1865 Steuerfreiheit. 1918 wurde das gesamte böhmische Territorium ein Teil der Tschechoslowakei, nachdem es schon durch die Bismarcksche Reichsgründung mit allen habsburgischen Gebieten aus dem Deutschen Staatsverband ausgeschlossen worden war.
Im Gegensatz zum „sächsischen Vogtland" ist das „böhmische Vogtland" ebenso wie das „bayerische Vogtland" keine historisch gewachsene Bezeichnung. Denn als hier die Vögte regierten, war an Böhmen noch lange nicht zu denken, und als es schließlich bei Böhmen war, hat kaum noch einer etwas von der vogtländischen Zeit gewußt, weil Jahrhunderte dazwischen liegen. Lediglich vom Leipziger Thomaskantor Sebastian Knüpfer ist die Formulierung überliefert, daß er in „Asch im Vogtland" geboren worden ist.

Werner Pöllmann, Siebenbrunn

Am Oberlauf des Görnitzbaches liegen, in reizvoller Landschaft verstreut, die Häuser von Korna.

Der Julius-Mosen-Turm auf dem Eisenberg bei der Talsperre Pöhl wurde 1898 erbaut und nach dem vogtländischen Dichter benannt.

◁ *Stilvolle Bauweise in Jößnitz*

◁ *Gaststätte „Auf der Alm“ in Jocketa*

◁ *Mit weiten Bogen überspannt eine Ziegelbrücke das Tal der Weißen Elster bei Jocketa und ermöglicht den Eisenbahnverkehr zwischen Plauen und Reichenbach; im Tale die Bahnlinie Plauen – Greiz.*

„De Elektrische“

So bezeichnen die Plauener liebevoll ihre für sie unentbehrliche Straßenbahn, die nun schon seit 1894 ihre Runden durch die Stadt dreht – ohne sie wäre Plauen einfach nicht denkbar.

Begonnen hat es am 17. November 1894, als die erste Linie in Betrieb genommen wurde. Sie verband den außerhalb der Altstadt liegenden Oberen Bahnhof mit dieser und weiter mit dem Unteren Bahnhof. Kleine, offene Wagen waren es, die die steile Bahnhofstraße mit ihren 7,7 % Steigung hinaufkletterten. Bald entstanden weitere Linien. Neundorf, Haselbrunn, die Südvorstadt, der Preißelpöhl und später der Hauptfriedhof konnten nun per Bahn erreicht werden. Plauen hatte unterdessen die stattliche Einwohnerzahl von 126 000 erreicht.

Es kamen neue Wagen hinzu, Mitte der zwanziger Jahre auch die ersten geschlossenen Fahrzeuge. Nur einmal, während der Inflationszeit vom 1. Januar 1923 bis zum 16. April 1924, mußte der Straßenbahnbetrieb eingestellt werden.

Im zweiten Weltkrieg wurden besonders hohe Anforderungen an die Bahn und das Personal gestellt, das ja, wie bereits während des ersten Weltkrieges, zu einem großen Teil aus Frauen bestand. Nach verschiedenen Schäden durch die Bombenangriffe mußte dann am 19. März 1945 der Betrieb restlos eingestellt werden. 5 Wagen waren total, alle anderen teilweise beschädigt, die Werkstätten waren zerstört, die Oberleitungen hingen herab auf die Straßen, das Gleisnetz war nicht mehr befahrbar. Es sah so aus, als wäre die Plauener Straßenbahn am Ende.

Aber gleich nach Kriegsende begann in der zu 75 % zerstörten Stadt der Wiederaufbau. Die Straßenbahner schafften es, zum Teil unter größten Schwierigkeiten, daß bereits am 12. November 1945 die erste Teilstrecke vom Tunnel nach Haselbrunn in Betrieb gehen konnte. Es war schon ein gespenstisches Bild, wenn die verpappten Wagen durch die Trümmerwüste fuhren. Nach und nach konnten bis auf ein Teilstück alle Linien wieder befahren werden.

1951 kamen endlich die ersten neuen Triebwagen nach Plauen, neue Strecken von Haselbrunn zur Plamag und vom Hauptfriedhof nach Reusa kamen als Netzerweiterung hinzu. Erst 1961 begann man, Beiwagen einzusetzen. Bis dahin war man der Meinung, wegen der steilen Strecken sei das nicht möglich, Doch der Beiwagenbetrieb bewährte sich, bald fuhren auf fast allen Linien Hängerzüge. Dazu wurden an den Endstellen Wendeschleifen gebaut. Als 1976 eine neue Fahrzeuggeneration, die Tatra-Kurzgelenkwagen, in Plauen Einzug hielt, war ein weiteres Kapitel für die Straßenbahn aufgeschlagen worden. Diese modernen Fahrzeuge bestimmen heutzutage das Plauener Stadtbild. Der Bau eines großen Wohnkomplexes am Chrieschwitzer Hang erforderte eine verkehrsmäßige Erschließung. Die bisher letzte Netzerweiterung wurde am 5. Oktober 1983 nach Waldfrieden in Betrieb genommen, so daß heute auf 6 Linien mit 34,8 km Länge die Fahrgäste befördert werden können.

Um Freundlichkeit ins Stadtbild zu bringen, sind seit 1988 viele Plauener Straßenbahnen als Werbeträger in fröhlichen Farben im Einsatz. Aus der „Elektrischen“ ist nun ein modernes Nahverkehrsmittel geworden, beliebt bei den Plauenern wie ehedem. Die Bahn wird den Erfordernissen unserer Zeit und unserer Fahrgäste weitgehend gerecht und ist auch weiterhin für die Plauener und ihre Gäste da.

Joachim Mensdorf, Plauen

Seit 1894 dreht die Plauener Straßenbahn ihre Runden durch die Stadt.

Licht nach Maß NARVA Licht nach Maß NARVA
OTTO-GROTEWOHL-PLATZ

Vogtland-Varianten

Das bayerische Vogtland um Hof war nur von 1248 bis 1373 in den Händen der Vögte und gehört seit 1810 zu Bayern.
Im „böhmischen Vogtland" um Asch herrschten die Vögte vermutlich von 1232 an,aber mit Sicherheit ab 1281 bis höchstens 1387 und dann nochmals von 1548 bis 1557. Seit 1775 gehört es zu Böhmen.
258 Jahre gab es den „Voigtländischen Creis". Seit 1815 hatten die Kreise feststehende Amtsbezirke. Im Vogtland gehörte die Nordhälfte zum Amt Plauen und die Südhälfte zum Amt Voigtsberg. 1835 wurde das Vogtland, wie man den Kreis kurz nannte, in die Amtshauptmannschaft Plauen umgewandelt, ohne dabei seine Außengrenzen zu verändern. Es gehörte nun neben vier anderen Amtshauptmannschaften zur Kreisdirektion Zwickau. Innerhalb der AH Plauen wurden 1855 dreizehn Gerichtsamtsbezirke geschaffen. Doch die wirtschaftliche Entwicklung erforderte immer mehr Verwaltung, und so kam es 1874 im Königreich Sachsen zu einer Reorganisation der Behörden. Dabei ist auch die Kreisdirektion Zwickau in eine Kreishauptmannschaft umgewandelt worden. Die Amtshauptmannschaften wurden von reinen Aufsichtsbehörden zu ordentlichen Verwaltungsbehörden umprofiliert, und im Vogtland hat sich ihre Zahl von 1 auf 3 erhöht. Neben Plauen waren nun auch Oelsnitz und Auerbach „Kreisstadt" geworden. Dadurch hatten die Gerichtsämter ihre administrativen Aufgaben verloren und beschränkten sich nun als Amtsgerichte nur noch auf die Justiz.
Plauen schied als „kreisfreie" Stadt 1923 und Reichenbach 1924 aus der AH Plauen aus. 1939 wurden durch die „Dritte Verordnung über den Neuaufbau des Reiches" nach preußischem Vorbild die KH in Regierungsbezirke und die AH in Landkreise umbenannt und die historischen Verwaltungsnamen Sachsens, Bayerns und der anderen deutschen Länder reichseinheitlich gestaltet.
1952 zerschlug die stalinistische SED-Diktatur den Föderalismus in der DDR und machte aus 5 Ländern 14 Bezirke (ohne Ostberlin). Außerdem wurden unter dem Vorwand der „bürgernahen" Verwaltung viele neue Kreise geschaffen, damit die Stasi gut überwachbare Einheiten bekam. Dieser Unrechtsakt wurde mit dem zynischen Titel „Gesetz über die weitere Demokratisierung des Aufbaus und der Arbeitsweise der staatlichen Organe in den Ländern der DDR" versehen.
Nachdem im Oktober 1990 der Freistaat Sachsen wieder erstand, wird hoffentlich im Jahre 1991 auch das sächsische Vogtland in seinen historischen Grenzen als territoriale Einheit wieder rekonstruiert. Denn die Ländergrenzen von 1990 stimmen nicht überall mit denen von 1952 überein. Die Vogtlandstädte Elsterberg, Pausa und Mühltroff sowie 9 Landgemeinden wollen anstatt zu Thüringen wieder zu Sachsen gehören.
Das sächsische Vogtland hat gerade einmal 320 000 Einwohner. Es wird angenommen, daß bei einer Gebietsreform im Freistaat entweder die durch die Zusammenarbeit der Landkreise Klingenthal und Oelsnitz bereits präjudizierte Einteilung in Obervogtland (Südhälfte) und Untervogtland (Nordhälfte) neben der kreisfreien Vogtlandmetropole Plauen oder eine Ost-West-Teilung vorgenommen wird. Der zweiten Variante, die man „Elster-Vogtland" und „erzgebirgisches Vogtland" nennen könnte, werden größere Chancen eingeräumt. Der östliche Landkreis würde sich aus der alten AH Auerbach und dem Amtsgerichtsbezirk Reichenbach zusammensetzen und hätte 130 000 Einwohner. Der westliche Landkreis hätte zwar eine größere Fläche aber weniger Einwohner (100 000; falls Plauen durch Eingemeindungen auf 90 000 anwächst) und würde die ehemaligen AH Oelsnitz und Plauen (ohne AGB Reichenbach) umfassen. Die Verkehrssituation, die Wirtschaftsstruktur und die naturräumliche Gliederung entsprechen dieser Einteilung eher, obwohl damit die 39 Jahre alten Kreise Klingenthal und Reichenbach wieder zerstückelt werden. Es gibt keinen Zweifel daran, daß die sechs noch bestehenden Vogtlandkreise (einschließlich Stadt Plauen), die von der SED-Administration geschaffen wurden, zu drei leistungsfähigen Verwaltungseinheiten zusammenschmelzen werden.
Werner Pöllmann, Siebenbrunn

Verhältnis zwischen Erzgebirge und Vogtland – geographische Betrachtung

Im Regierungsbezirk Chemnitz wird an der Schaffung eines Naturparks gearbeitet, der den Namen „Erzgebirge/Vogtland" tragen soll. Leider ist die Paarung dieser beiden Begriffe nicht besonders glücklich, weil man unter dem Erzgebirge eher eine Landschaftseinheit mit naturräumlichen Grenzen und unter dem Vogtland eher eine historische Verwaltungseinheit mit administrativen Grenzen versteht. Bei der Betrachtung dieser zwei verschiedenen Ebenen stellt man fest, daß sich die Gebiete überlagern. Ein Klingenthaler ist eben nicht entweder Vogtländer oder Erzgebirgler, sondern er ist sowohl Vogtländer als auch Erzgebirgler. Die Herzen der Klingenthaler schlagen natürlich für das Vogtland, weil sie zu dieser von Menschen geschaffenen Verwaltungseinheit gehören, aber die sie umgebende Landschaft wurde von der Natur geschaffen und trägt in allen physisch-geographischen Komponenten eindeutig westerzgebirgische Merkmale. Man kann diese komplizierte Vermischung der Begriffe Erzgebirge und Vogtland vermeiden, wenn man sich entweder auf die natur- oder auf die kulturräumliche Sphäre festlegt.
Im Tertiär vor 70 Millionen Jahren wurden durch die Bruchschollentektonik die Grundstrukturen der heutigen Mittelgebirgslandschaft angelegt.

Dabei entstand auch die „Westrandstufe des Erzgebirges“, die oftmals Schönecker Stufe genannt wird. Ihr unterer Rand zieht sich von Schilbach über Eschenbach, Gunzen, Wohlhausen und Erlbach bis Eubabrunn und gilt als Landschaftsgrenze zwischen den Naturräumen Erzgebirge und Vogtland.
Demnach gehört der Landkreis Klingenthal fast vollständig zur Landschaftseinheit Erzgebirge, ebenso wie die Osthälfte des Landkreises Auerbach.
Im Gegensatz dazu ist die Verwaltungsgrenze zwischen dem Erzgebirge und dem Vogtland verhältnismäßig jung und unter der Bevölkerung genau bekannt. Sie entstand mit der Entwicklung Sachsens zum Flächenstaat unter August I. (1553 bis 1586), als die kurfrüstlichen Erblande in sieben Kreise unterteilt wurden: Meißnischer Kreis, Kurkreis (Wittenberg), Leipziger Kreis, Thüringischer Kreis (Weißenfels, Sangerhausen, Langensalza), Neustädter Kreis (Neustadt/Orla), Erzgebirgischer Kreis und Vogtländischer Kreis.
Die Grenze zwischen dem vogtländischen und dem erzgebirgischen Kreis ist bis auf das Dorf Herlasgrün, das 1950 die Zugehörigkeit wechselte, noch heute genau mit der Ostgrenze der Landkreise Auerbach und Klingenthal identisch.
Entsprechend ihrer Kreiszugehörigkeit in kursächsischer Zeit unterscheidet man z. B. zwischen Rothenkirchen/Vogtland und Stützengrün/Erzgebirge oder zwischen Morgenröthe-Rautenkranz/Vogtland und Carlsfeld/Erzgebirge, obwohl zwischen diesen Orten keine hochrangigen Landschaftsgrenzen verlaufen. Zwar wurden bei der Verwaltungsreform von 1835 die dem Königreich Sachsen verbliebenen Kreise wieder abgeschafft, aber die Trennungslinie zwischen den nunmehrigen Amtshauptmannschaften Plauen einerseits (Oelsnitz und Auerbach erst ab 1874) und Schwarzenberg bzw. Zwickau andererseits blieb als vogtländisch-erzgebirgische Verwaltungsgrenze im Zugehörigkeitsgefühl der Bewohner bis in die Gegenwart lebendig. So ist es durchaus folgerichtig, die Landkreise Brand-Erbisdorf, Marienberg, Annaberg, Schwarzenberg und Aue noch heute als (obere) Erzgebirgskreise und Plauen, Oelsnitz, Auerbach, Reichenbach und Klingenthal als Vogtlandkreise zu bezeichnen. Man muß sich dabei nur darüber im klaren sein, daß die Trennungslinie zwischen diesen administrativen Regionen nichts mit einer Landschaftsgrenze zu tun hat!
Dem Naturparkprojekt würde deshalb eine landschaftsbezogenere Namensgebung besser gerecht werden. Dabei wäre es von Vorteil, die komplizierte Vogtlandproblematik herauszuhalten, zumal nur im Raum Markneukirchen – Adorf – Bad Elster vogtländische Landschaft einbezogen ist. Nach geomorphologischen Gesichtspunkten könnte man den Naturpark „Erzgebirge/Elstergebirge“ nennen. Wie am Beispiel der Schönecker Stufe schon erläutert, ist das Vogtland als historische Verwaltungseinheit mit dem Vogtland als Landschaftseinheit nur zum Teil identisch. Man unterscheidet drei größere vogtländische Naturräume:
1. nordwestvogtländische Hochflächen (überwiegend in Thüringen)
2. mittelvogtländisches Kuppenland (Hof – Plauen – Reichenbach)
3. südostvogtländisches Bergland (Bad Elster – Adorf – Markneukirchen)
Die dritte Landschaftseinheit ist die kleinste und wird in der Literatur meist „oberes Vogtland“ genannt, obwohl es im Gegensatz dazu kein „unteres Vogtland“ in der Naturraumgliederung gibt.
Da der Begriff „oberes Vogtland“ seiner ursprünglich landschaftlichen Zweckbestimmung in den letzten Jahren immer mehr entfremdet wurde und in kultureller und ökonomischer Hinsicht vielfältig unterschiedlich gebraucht und mißbraucht wird, ist er für die Landschaftsanalyse untauglich geworden. Durch die Landkreiskooperation zwischen Klingenthal und Oelsnitz und das gemeinsame Kfz-Kennzeichen „OVL“ (Obervogtland) hat dieser Terminus einen eindeutig administrativen Charakter bekommen.
Das südostvogtländische Bergland liegt wie ein Keil zwischen dem Erz- und dem Fichtelgebirge und vermittelt den Übergang zwischen diesen beiden gleichartigen Orogenen.
Nach neuesten naturwissenschaftlichen Erkenntnissen stellt das Elstergebirge nicht mehr den „Übergang“ zwischen Erz- und Fichtelgebirge dar, sondern wird insbesondere auch von tschechischen und bayerischen Geographen als Teilraum des Fichtelgebirges definiert analog dem Steinwald in der Oberpfalz, der auch ein Teilraum des Fichtelgebirges ist.

Werner Pöllmann, Siebenbrunn

Das Elstergebirge

Vom Zittauer Gebirge im Osten bis zum Elstergebirge im Westen zieht sich eine Kette von Mittelgebirgen immer an der böhmischen Grenze entlang. Auf einer Karte ohne Ländergrenzen wäre leicht zu erkennen, daß die eingangs gewählte Formulierung nicht ganz richtig ist. Denn die Reihe der sächsisch-böhmischen Gebirge reicht vom Lausitzer Gebirge über das Lausitzer Bergland, das Elbsandsteingebirge, das Erzgebirge bis zum Fichtelgebirge. Zittauer und Elstergebirge verdienen diesen Namen eigentlich nicht, weil sie nur Teile eines größeren Gebirges sind. Das Zittauer Gebirge repräsentiert eben nur den sächsischen Anteil des ansonsten in Nordböhmen liegenden Lausitzer Gebirges, und das Elstergebirge stellt nur den sächsischen und böhmischen Anteil des ansonsten in Bayern liegenden Fichtelgebirges dar. Weil sich die Naturraumgliederung nicht an von Menschen geschaffenen Staatsgrenzen, sondern nur an natürlichen Grenzräumen aller physisch-geographischen Komponenten orientiert, sollte man die Begriffe Zittauer und Elstergebirge nicht überbewerten und sie nur als Eigenname eines Landschaftsteils auffassen.
Wie ist nun eigentlich der Landschaftsname „Elstergebirge“ entstanden? Das Gebiet liegt

Die Straßenbahn ist ein wichtiger Verkehrsträger der Stadt Plauen.

Stadt Adorf aus der Vogelperspektive ▷

Plauen: Blick zum Oberen Bahnhof, rechts die sogenannten Punkthäuser *(Seite 13)*

Neues Rathaus, davor der Nonnenturm, ein Rest der einstigen Stadtbefestigung (Seite 13)

Schloß Voigtsberg war über Jahrhunderte Kurfürstlich Sächsischer Verwaltungssitz des gleichnamigen Amtes. Heute beherbergt es unter anderem das Heimatmuseum der Stadt Oelsnitz. *(Seite 13)*

zwischen zwei Flüssen, die 1122 in der Plauener Johanniskirch-Urkunde als „scam Alestram" (heilige, kleine Elster) und „rectam Alestram" (rechte, richtige Elster) bezeichnet wurden. In einer Urkunde des Klosters Waldsassen von 1165 ist von „Helstre inferius" und „Elstere" die Rede. Das dazwischenliegende „Elsterland" war größtenteils noch siedlungsleer. Beide Urkunden weisen auf eine wichtige Territorialgrenze hin. Das Vogtland hatte an dieser Kleinen oder Zweiten (Alestra secunda 1270) Elster seine südliche und das Egerland seine nördliche Begrenzung. Dieser 15 km lange Fluß heißt heute Schwarzbach. Er entspringt am Ursprungberg (805 m ü. d. M.), fließt durch das Landesgemeindetal (wo er seit 1591 auch Floßbach genannt wird) und mündet als rechter Nebenfluß unter der Elsterbrücke in Adorf (440 m ü. d. M.) in die richtige, die Weiße Elster. Durch die Besiedlung des Schwarzbachtals im 13. Jahrhundert verschob man die Territorialgrenze noch 5 km nach Norden an den Lochers-, Eisen-, Zwota- und Hüttenbach. Das Elsterland, bis zur Reformation zum Bistum Regensburg gehörig, wurde von Süden her besiedelt. Das läßt sich noch heute gut an seiner nordbairischen Mundart nachweisen. Es kam 1327 vom Eger- zum Vogtland, trägt heute den Landschaftsnamen „oberes Vogtland" und ist seit 1968 das größte Landschaftsschutzgebiet des Regierungsbezirkes Chemnitz mit 171 Quadratkilometern.
Die Berge zwischen den beiden Elsterflüssen bezeichnete man kurzerhand als „Elstergebirge". Als Trennlinie zum Erzgebirge wurde der Zwotafluß (Zwodau) angenommen, und so bekam die 22 km lange südwestliche Verlängerung bzw. Fortsetzung des Erzgebirges mit dem Ursprungberg als höchstem Gipfel einen eigenen Gebirgsnamen. Landschaftsanalytische Forschungsergebnisse aus den fünfziger Jahren belegen als eindeutige Naturraumgrenze die Erzgebirgswestrandstufe vom Alten Söll (734 m) in Schöneck bis zum Hohen Stein (774 m) bei Erlbach. Beide Quarzitfelsen sind hervorragende Aussichtspunkte. Das Elstergebirge „schrumpfte" somit auf 14 km zusammen. In den 70er Jahren führten Untersuchungen insbesondere von tschechischen Geomorphologen dazu, die kristallinen und kristallin beeinflußten Gebiete um den Kapellenberg dem Fichtelgebirge zuzuordnen, zu dem sie auch zweifelsfrei gehören. Das Elstergebirge wurde nun von der anderen Seite nochmals um 8 km verkürzt. Das verbleibende Reststück zwischen Landwüst und Wernitzgrün, ausschließlich im Phyllitschiefer angelegt, mit dem bekannten Aussichtsgipfel des Wirtsberges (664 m ü. d. M.) als höchstem Punkt, ist überhaupt kein Gebirge, sondern nur der höchste Teil der obervogtländischen Rumpfscholle. Hier werden in einem 6 km breiten Sattel lediglich die in ihrer Genese und Struktur gleichartigen Naturräume Fichtelgebirge und Westerzgebirge voneinander getrennt, während sich in der Tiefe die fichtelgebirgisch-erzgebirgische Antiklinalzone als zusammenhängende geologische Einheit entlangzieht. Das Elstergebirge als Bindeglied zwischen Erz- und Fichtelgebirge ist also naturwissenschaftlich nicht haltbar. Der Landkartenverlag Gotha läßt diesen Namen deshalb auf seinen kartographischen Erzeugnissen seit 1990 einfach weg. Doch um den Begriff nicht gänzlich auszulöschen, was ohnehin kaum möglich ist, wurde die anfangs genannte Definition gewählt. Demnach ist nun der Kapellenberg die „Krone" des Elstergebirges (759 m ü. d. M. , 1931 bis 1981 Aussichtsturm), dessen Ausdehnung auf der Karte ersichtlich ist. Die Elsterquelle, 1898 vom Verband Vogtländischer Gebirgsvereine gefaßt, und der 1902/03 erbaute 34 m hohe Aussichtsturm auf dem Hainberg bei Asch (757 m) gehören zu den touristischen Glanzpunkten an gut markierten Wanderwegen auf böhmischer Seite.

Werner Pöllmann, Siebenbrunn

Elsterberg und das Steinicht

Der umfassendste Blick auf das kleine, 4800 Einwohner zählende und 5 km südlich von Greiz liegende Elsterberg bietet sich dem Wanderer vom Quarzitfelsen des die Stadt um fast 140 m überragenden Kriebelsteins. Der Abstieg über den Kleingeraberg ist auch nicht weniger angenehm. In der Mitte der doppelt s-förmigen Schlinge der Weißen Elster grüßt von einem 40 m hohen Bergsporn die Ruine der um 1210 erbauten, aber nach dem Dreißigjährigen Krieg langsam verfallenen Burg der Edlen Herren von Elsterberg aus dem Hause Lobdeburg. Weniger ein Touristenziel ist hingegen die wohl 100 Jahre ältere, 1198 indirekt genannte Burganlage der Ritter von Elsterberg auf dem Weßnitzfelsen.
Heute ist die Stadt, durch die die B 92 führt und die an der Elstertalbahn Gera – Weischlitz liegt, einem allzu regen Verkehrsaufkommen ausgesetzt. Sie ist ein wirtschaftliches Zentrum mit guten Einkaufsmöglichkeiten und bedeutsam durch ihre Textil-, Leder-, Herd- und Kunstseidenproduktion. Die Eisenbahn „unterfährt" die Stadt im längsten Tunnel der Strecke mit 354 m. Kurz vor den beiden Tunnelöffnungen liegen auch die beiden Elsterberger Bahnhöfe. Die Linie hat übrigens 8 Tunnel und 27 Brücken auf 62 km Länge. Reger Busverkehr besteht besonders in Richtung Greiz, doch sind auch Reichenbach und Plauen gut zu erreichen. Fast alle Abfahrten beginnen am Marktplatz, einem seit der Stadtgründung im 13. Jahrhundert in Form eines Rechtecks angelegten Treffpunkts des Handels und Verkehrs. An ihm und den umgebenden Straßen erkennt man recht deutlich den nach dem großen Stadtbrand von 1840 mit dem Lineal vorgenommenen Wiederaufbau der Stadt. In einer historisierenden Vermischung älterer Kunststile lassen sich Rathaus, Pfarramt und St. Laurentius-Kirche betrachten.
In einem Gemisch von Neuromanik und Neugotik entstand 1845 das heutige Gotteshaus,

im Innern mit einem Altarbild von Professor Ernst „Die Taufe Jesu im Jordan" und einem alten Stiftergemälde der adligen Patronatsfamilie von Bose aus dem 17. Jahrhundert. Noch läutet jährlich einmal am Karfreitag um 15 Uhr die gerettete Schloßglocke von 1523 in der Sterbestunde des Heilands.
Von der Glockenstube des Kirchturms genießt der Besucher einmalig fotogene Blicke in der Runde.
Die mit Laubwald bestandene Diabaskuppe des Pöhls schiebt sich geradezu als Kulisse hinter die geborstenen Mauern der Ruine der ehemaligen Burg Elsterberg. Segmentbogen einer Fensterreihe deuten stadtwärts auf die einzig erhaltenen Reste des Palas (des Herrenhauses) hin, von Kellern mit bis über 4 m starken Mauern gestützt und von Freunden des Vogtländischen Heimatvereins Elsterberg ständig gepflegt. Eine starke Eiche, Jahrgang 1872, zeigt an, wo neben dem einstigen Burgbrunnen von mehr als 26 m Tiefe sich ein ganz schmaler Burghof der Kapelle gegenüber erstreckte. Vier Tore mußten im Mittelalter erobert werden, ehe der Zugang zur Hochburg frei war. Diese kraftvolle Verteidigungsstellung erwarb die Burg wohl erst beim Wiederaufbau nach der Zerstörung 1354 im sogenannten Vogtländischen Kriege, nachdem die Burgkapelle, die Ringmauer mit fünf wehrhaften Türmen und die anschließende Stadtmauer fertiggestellt waren. Sichtbare Überreste davon sind bei einem Rundgang neben den Wohnhäusern des Vorderen und Hinteren Schloßberges an der Gaststätte und dem Kriegerehrenmal des ersten Weltkrieges zu erkennen, also Ringgraben, Halsgraben und Vorburg. Der sagenumwobene Hungerturm mit Ringanker ohne Dach wird nur fälschlicherweise so genannt, der bedachte zweite Ringankerträger dürfte der wirkliche gewesen sein.
Doch unser Blick schweift über die Schornsteine und den Wasserturm des Kunstseidenwerkes südwärts in Richtung eines mittelalterlichen Bergbaugebietes „Hebeisen" hin zur Gippe, einer um 1900 angelegten Villensiedlung an der Au- oder Franzmühle am Eingang zum wildromantischen Steinicht. Zwei Wanderwege, ein Bahndamm und das Flußbett der Weißen Elster führen durch ein 70 m tiefes und enges Felsental von 4 km Länge in Richtung Rentzschmühle – Barthmühle. Der Diabassteinbruch Rentzschmühle gewährt einen relativ guten Einblick in besondere geologische Erscheinungsformen eines Erdzeitalters. In geringer Entfernung überrascht uns auf einem benachbarten Bergsporn am rechten Elsterufer ein ruinenhaftes Bauwerk mit desolatem Turm, die alte Burg Liebau. Romantischer geht's nimmer, zumal 500 m weiter anstelle des Eisenkreuzes von „Siebers Grab", der ehemaligen Rittergutsbesitzer Liebaus, eine noch ältere Straßenwarte gefunden wurde. Auf der Bergkuppe über der Burgruine, dem Knorrspöhl, ließ sich vor fast 2500 Jahren ein keltischer Krieger in einem Hügelgrab bestatten. Wie sich die Sitten ändern! Vom nahen Bahnhof Barthmühle aber ist bereits die monumentale Elstertalbrücke der Linie Reichenbach – Plauen in Sichtweite.

Karl-Heinz Zierdt, Elsterberg

Schloß Netzschkau

Gepflegte Anlagen gehören zum Reiz des sächsischen Staatsbades Bad Elster.
Abgeklärtheit spricht aus dieser herbstlichen Idylle.
Im Kurzentrum von Bad Brambach

Im Schraderpark in Auerbach an der Klingenthaler Straße findet der Besucher eine herrliche Teichlandschaft vor.

Aussicht vom Kuhberg auf das Nordvogtland

Der Kuhberg bei Netzschkau scheint der geeignetste Aussichtspunkt zu sein, um den nördlichen Teil des Vogtlandes fast in seiner gesamten räumlichen Ausdehnung zu überblikken. Also wählen wir dazu diese mit 511 m höchste Erhebung im Norden des Gebietes, die mit ihrem Bismarckturm aus Granitquadern zur Besteigung einlädt. Der Berg, ein geologischer Härtling, aus Grauwackensandstein mit Quarzitbänderung bestehend, erhielt als Krönung im Jahre 1900 den 21 m hohen Turm, der, klares Wetter vorausgesetzt, Rundsichten bis über 50 km ermöglicht.

Im Südosten erreicht das Auge den Westrand des Erzgebirges mit dessen von der Göltzsch durchflossenem Gebiet. Tief eingeschnittene und felsige Täler der Weißen Elster und der Göltzsch samt ihren Nebenbächen tragen ebenso wie manche Hügel einen naturnahen Waldbestand, während die Hochflächen vor allem der landwirtschaftlichen Nutzung zugeführt wurden. Im Osten erscheint die „Dreistadt" Reichenbach-Mylau-Netzschkau teils an Talhängen, teils auf der Hochfläche oder im Tal gelegen. Man erblickt die Göltzschtalbrücke vom Turm in einer nie gekannten Schrägansicht. Während nordwärts im Hintergrund die Silhouette der Burg Schönfels unverkennbar herausragt, läuft eine Linie über die Kahmersche Höhe und den Greiz-Werdauer und Gommlaer Wald hin, bis sie im Westen den über 560 m hohen Sattel zwischen Berga und Pausa erreicht und das Gesichtsfeld am Pöllwitzer Wald und Wolfshainer Geräum enden läßt. Davor weisen das Türmchen des Coschützer Kulturhauses und der spitze Hohndorfer Kirchturm als Landmarken auf die versteckt hinter und vor ihnen liegende Stadt Elsterberg hin, denn diese leicht geneigte kuppige Hochfläche wird durchbrochen von den zwei Flußtälern mit bis zu 150 m Tiefe.

Wenn wir den Begriff Vogtland auf Thüringen erweitern, dann müßte die Nordgrenze von Ziegenrück über Triptis in den Raum Krossen (nördlich von Gera) – Ronneburg – Werdau – Schönfels – Reichenbach bis hin zu den Städten Lengenfeld und Treuen verlaufen. Auch hier herrschten die Vögte von Weida einst, wenn auch nur zeitweise.

Karl-Heinz Zierdt, Elsterberg

So wurde früher das Feld bestellt

Nausgefenstert!

Habt'r schoa emoll ewos zen Fenster nausgeschmissen? Des sell mer fei aah net machen! Wue sell denn des hieführn, 's Zeig aafach nausfenstern, emende aah noch naus af de Stroß, womöglich ne Leiten, die gerode verbeigenne, nauf'n Kopf? Des is schoa net schie, wenn e Fraa de Tischdeck, ne Bettvurleger oder wer waß wos fer en alten Lappen zen Fenster nausschittelt. Aber ebber e zerbrochene Flasch oder e Kaffeetass oahne Henkel nausfenstern – pfui Teifel!
Frieher, ja do is des esue geween, do habn de Leit alles, wos ze nischt meher getaagt hot, aafach zen Fenster nausgehiebn. Und des habn net nèr de arme Leit gemacht, naa, aah de fein Leit, zegoar de Ritterschleit und de Ferschten, die wos drin eren fein Schloß oder druebn af ere Burg gewoahnt sei. Oft is do ringsrim e Wassergrobn geween, und do habn de Küchenmaadle, aber aah de fein Leit selber ihrn ganzen Spittel neigeklatscht. Jeder zerbrochene Teller, jeder zertöpferte Krug is nausgefenstert wurn. De Knochen von Mittigessen – zen Fenster naus!
Sue is des aah in Ruewisch geween, wue do noch droa dr Göltzsch des „Feste Hus" gestanden is. Und wos die Herrschaften do seinerzeit alles nausgefenstert habn, des is neis Wasser gefalln und drin Schlamm eigesunken. Ja, und in dreißiger Joahrne, do habn ne Dresdner Professer Nadler seine Denkmalschitzer den ganzen Wallgrobn ausgebuddelt, den Schlamm durchgewiehlt und den ganzen alten Kroam rausgefischt: Knochen, Nodeln, Messer, Werkzeig und natürlich en ganzen Haufen Scherbn. Aaner von den Schatzgrebern, dr Böttchersch Rudolf, der hot die Scherbn zammgesetzt und zammgeklabbt, sue gut wie's ebn gange ist, und hot wieder Töpf, Krieg, Schisseln, Teller und Gleser drausgemacht. Und noochert, do habn se des ganze Zeig nei grueße Glosschränk gericht und ausgestellt, und do is e ganz Museum draus wurn.
Gett ner af Ruewisch und guckt eich oa, wos do de Leit frieher alles nausgefenstert habn!

Hermann Gerisch, Lengenfeld

De neie Zeit is do

In Lengefeld, hinten Piehlwinkel, do hot frieher de alt Wolfen Hermine gewoahnt, gleich vorne droa drin erschten Haisel af dr rechten Seit. Des Haisel stett schoa lang nimmer, is des emoll weggebrennt.
De Hermine, des is e gute Fraa geween. Se hot viel derlebt: ne Moa verlurn, e poar Kinner grueßgezuegn, de gespoarten Pfeng nooch'n Krieg verlurn. Aber ihr gute Laune, die hot de Hermine net verlurn. Und ehrlich, ordntlich und raanlich is se geween. Ihrn Tisch und de Bank und de ganze Stubnsdiel drin ihrer klann Küch und aah de Holztrepp uebn nauf, des alles, des hot se mit eren Struehwisch und mit Scheiersand blietenweiß gescheiert und gerumpelt, sue richtig af altmodische Oart.
Und derzehlt hot de Hermine! Ach, hot die derzehlt! Mer hot ner gern zugehärt. Be schänn Wetter, do is se oft vornhaun af dr Haustürnschwell gesessen, und rundsrim, do is e Trempele Nachberschkinner gestanden, die dr Hermine zugehärt habn. Vonfrieher hot de Hermine derzehlt, von dr guten, alten Zeit, aber aah von dr Zukunft, von dere Zeit, die erscht noch kimmt. Wie oft hot se prophezeiht: „Ihr werd's schoa sehe, wenn de Weibsen kurze Hoar habn und wenn se Huesen oahabn, noochert wird's bies. Ihr werd's noch derlebn!"
Die gute, alte Hermine! De erschten Bubiköpf, die hot se emende gerod noch miet derlebt. Aber wenn se itze emoll hergucken kännt, wue die vieln Weibsen in Huesen af dr Stroß rimlaafen!
„Do, itze is esue weit!" tät se emende sogn. Und wos tät de Hermine erscht sogn, wenn 'r e gunger Kerl begegne würet mit lange Hoarne oder ebber goar mit eren Zopf?

Hermann Gerisch, Lengenfeld

Ausländer

Vurign Summer, do wollten siech zwee junge Kerl, zwee Schiehaader (Schiehaad = Schönheide), emoll Berlin oagucken. Se habn extersch ihrn guten Oazug oagezuegn und aah en Schlips ümgehängt. Wie se be dere Rümlaaferei in Berlin hungrig wurn sein, do sei se nei e ganz feins Lokal eigekehrt. E grueße, braate Trepp mußten se nauf, und drin eren helln Soal, do is af dr rechten Seit aah gerod noch e Tisch frei geween, droan Fenster, wue se schie naus de Stroß gucken kunnten. E klaans Zettele, wos afn Tisch aufgestellt geween ist, des habn se goar net gesehe. Se habn siech hiegesetzt und habn afn Kellner gewart. Der is aah gleich kumme und hot gesogt, daß se siech net doher setzen kännten, der Tisch do, der wär fer ausländische Gäst reserviert.
Do habn siech die zwee gunge Kerl erscht e weng enanner oageguckt, und dr Kellner, der hot emende gedacht, se hätten ne net richtig verstanden und hot ganz freindlich gefragt: „Woher kommen Sie denn, meine Herren?" – „Von Schiehaad", hot do der aane e weng verdattert gesogt. Do is der Kellner noch freindlicher wurn und hot gemaant: „Dann können Sie selbstverständlich hier sitzen bleiben! Bitte entschuldigen Sie vielmals, meine Herren!"

Hermann Gerisch, Lengenfeld

Reichenbach: Eckhaus Greizer Straße / Fedor-Flinzer-Straße mit ehemaligem „Wettiner Hof“

Bürgerhäuser in der Zwickauer Straße

Stadt Greiz

Über die Fernstraßen B 92 aus Richtung Plauen oder B 94 aus Richtung Schleiz – Zeulenroda erreicht man die einstige reußische Residenzstadt Greiz. Sie liegt beiderseits des hier breiten Elsterlaufs im reußischen Vogtland und gehört seit 1920 zum Land Thüringen. Ihre malerisch-waldreiche Umgebungslage mit bis zu 443 m ü. d. M. ansteigenden Höhenzügen ringsum sowie dem talbeherrschenden Schloßberg als typischem Blickpunkt von allen Seiten verschafften ihr seit langem den Ruf als „Perle des Vogtlands" und in neuerer Zeit auch als „Park- und Schloßstadt". Trotz einer maßgebenden industriellen Entwicklung auf dem Textilsektor hat Greiz dank seiner landschaftlichen Schönheiten mit vielen reizvollen Ausflugs- und Wanderwegen in naher wie weiterer Umgebung große touristische Bedeutung. So führen Wege ins Waldhaus-Erholungsgebiet (5 km), zum Weißen Kreuz (auf dem 375 m hohen Hirschstein), zum Pulverturm (am Roth), zur Idahöhe (Gommlaerwald) oder bis zur 8 km entfernten Neumühle und dem „Waldfrieden" im nahen Göltzschtal (6 km).
Bestimmend für den Fremdenverkehr in Greiz sind aber vor allem die landschaftlichen Besonderheiten: der eng anliegende, 1875 aus einem kleinen „Obergreizer Lustgarten" von 1650 erweiterte und durch Fürst-Pückler-Schüler Eduard Petzold im englisch-romantischen Stil gestaltete, ehemals fürstliche Park ist als Gartenkunstwerk von hohem künstlerischen Rang anerkannt und geschützt. Anziehungspunkt neben seinem Blick- und Baumreichtum sowie dem 600 m langen Parksee ist der Sommerpalaisbau von 1779 im vorderen, ältesten Parkteil. Er beherbergt neben dem 1975 eingerichteten „Greizer Satiricum" (Karrikaturensammlung) in seinen reichgegliederten Stuckwerkräumen mit kostbaren Tapeten die auf dem europäischen Kontinent einzigartige, kostbare „Bücher- und Kupferstichsammlung" als Stiftung des Hauses Reuß ältere Linie mit über 8000 Schabkunstblättern des 17./18. Jahrhunderts von hohem Rang, erst 1921 aufgefunden.
Das den Park wie die Stadtanlagen beherrschende Obere Schloß, um 1100 entstanden, aber nach Bränden um 1720 im heutigen Charakter erneuert, zeigt ostseitig sechs wertvolle Renaissancegiebel aus dem 16. Jahrhundert, ein wuchtiges Stelzentor und den isoliert stehenden, hohen Schloßturm mit 1629 aufgesetzter Barockhaube über offenem Glockenstuhl. Von der unterhalb gelegenen Schloßschanze bietet sich ein umfassender Rundblick über die innere Anlage der Alt- und Neustadtteile. Ein 1970 ausgebauter Schloßkeller gibt abendliche Einkehrmöglichkeiten.
Der gesamte Schloßkomplex war nur im Mittelalter Herrschersitz. In seinen stilschönen Räumen mit dem Weißen Saal befindet sich seit 1929 das Kreisheimatmuseum, gegenüber im Zwiebelturm-Gebäude die Greizer Musikschule und ein kleines Schloßcaf „Lebensart". Auf dem verkehrsreichen Platz davor sind der alte „Röhrenbrunnen" sowie unterhalb das kleine Gebäude der ehemaligen Schloß-Hauptwache von 1819, heute Sitz der Greiz-Information, sehenswert.
Dieser historisch wertvolle Gesamtkomplex steht unter Denkmalschutz, ebenso wie die sich unterhalb dieser alten Bauanlage hinziehenden, sehenswerten Jugendstilhäuser der Thomas- und Marktstraße – bis hin zu einem eigenwertigen Mosaiksteinbildnis eines Gürtlers am Eckhaus zum Marktplatz mit dem 1845 nach einem Brand im neugotischen Stil mit Turm errichteten Rathaus. Ein großer Stadtbrand von 1802 hat darüber hinaus kaum noch früher bestehende älteste Bürgerhausbauten erhalten lassen, wofür jedoch die umgebenden Naturschönheiten von Greiz den Besucher entschädigen.

Dr. Franz Hauschild, Greiz

Stadt Zeulenroda

Die Stadt Zeulenroda liegt 415 m ü. d. M. im Thüringischen Schiefergebirge auf einem flachen Höhenrücken zwischen den Tälern der Weida und der Triebes. Die heute knapp 14 000 Einwohner zählende Stadt ist eine spätmittelalterliche Gründung der Vögte zu Weida. Diese ließen im 13. Jahrhundert am Knotenpunkt einer alten Straße vom Orlagau nach Elsterberg und der von ihnen angelegten Straße Weida – Hof durch einen Lokator (Ortsgründer), wahrscheinlich namens Ule (=Eule), eine Rodung anlegen.
Inmitten des damals unwirtlichen Waldgebietes zwischen Reichenfels und Pausa entstanden außer „Ze Ulenrode" etwa zur gleichen Zeit Meinersdorf, Schwarzbach, Ritzmannsgrün, Reibesgrün und Wolframsdorf (Langenwolschendorf). Der zum Teil geringwertige Boden brachte nur mäßige landwirtschaftliche Erträge und ließ einige dieser Rodungen wieder zu Wüstungen werden.
Zeulenroda entwickelte sich jedoch durch seine Lage an den beiden Straßen günstig. Auch hier war trotz der großen Flur landwirtschaftlich nicht viel zu gewinnen, aber der zunehmende Verkehr, vor allem auf der Straße Hof – Mühltroff – Pausa – Zeulenroda – Weida, ließ die Siedlung zu einem ansehnlichen Marktflecken heranwachsen. Als Anfang des 15. Jahrhunderts die Herren von Weida ihren Stammsitz an die Wettiner verkauften, verlieh die Geraer Linie der ehemaligen Vögte Zeulenroda 1438 das Stadtrecht. Die Untertanen der ihnen gehörenden Pflege Reichenfels mußten nun anstelle der Weidaer Märkte die der neuen Stadt Zeulenroda besuchen. Die wirtschaftliche Blütezeit währte aber nur kurz, da Mitte des 15. Jahrhunderts das südliche Vogtland an die Wettiner kam und diese den Verkehr ausschließlich durch ihr Gebiet lenkten, über die Straße Plauen – Reichenbach – Leipzig.
Ein anderer schwerer Schlag trug mit zur weiteren Verarmung des Ortes bei: Der Schleizer Landesherr, dem die Stadt damals gehörte,

Felsen im unteren Göltzschtal am Köhlersteig laden zum Verweilen ein und gewähren herrliche Ausblicke.

Im 40 ha großen Landschaftspark in Greiz, unterhalb des Oberen Schlosses, kann man herrliche alte Bäume bewundern – im Hintergrund die Gedenkstätte des Ersten Weltkrieges, eine ehemalige Kapelle und später Porzellanrotunde der Fürsten Reuß ältere Linie.

Blick auf die Marienkirche und das Untere Schloß mit Alter Hauptwache, 1564 als „Hohes Haus“ errichtet, Residenz der Grafen von Untergreiz, heute Gymnasium von Greiz

verpfändete diese 1500 seinem Schwiegersohn, dem Reußen Heinrich XI. von Greiz, anstelle einer Mitgift von 2000 Gulden. Schlagartig wurde Zeulenroda eine Enklave und war von nun an vom gesamten wirtschaftlich wichtigen Hinterland abgeschnitten. Dies trug unter anderem 1525 dazu bei, daß sich auch Zeulenrodaer am Großen Deutschen Bauernkrieg beteiligten. Rat und Bürger öffneten dem Bauernheer, das vor der Stadt lagerte, seine Tore. Sie hofften, durch Beseitigung der Feudalmacht ihre alten Rechte und Vorteile wiederzugewinnen. Die Niederlage der Bauern brachte für die Stadt härteste Strafen. Über 100 Jahre litten die Einwohner an diesen zusätzlichen Lasten.

Der Dreißigjährige Krieg verschlimmerte die Lage weiter. Erst nach diesem großen Krieg kam mit der Einführung der Zeugmacherei und der Strumpfwirkerei wieder ein gewisser Wohlstand auf. Die Zeulenrodaer Strümpfe erlangten Ende des 18. Jahrhunderts und noch mehr im 19. Jahrhundert Weltruf. Die Einführung der Maschinenstühle verdrängte die Handwirkerei allmählich. Nach 1870 entwikkelte sich die Gummiwirk- und Strickwarenfabrikation, die auch heute in unserer Stadt noch Tradition hat. Zusammen mit der Herstellung von Strumpfstühlen hatte sich das Schlosserhandwerk bedeutsam entwickelt. Zeulenrodas heutige Werkzeugmaschinenproduktion legt dafür Zeugnis ab. Nach 1880 entstanden aus kleinen Tischlerwerkstätten Möbelbetriebe mit einer Produktion, die ihrer Qualität wegen bekannt und begehrt war. Die heutige Möbel GmbH knüpft an diese historischen Vorbilder an. Zahlreiche weitere Industriezweige (Lampen), Strickbandagen, Bekleidung, Druckereien) wurden als ehemalige VEB-Betriebe (Volkseigene Betriebe) in die Unternehmensform der GmbH umgewandelt bzw. reprivatisiert.

Verkehrstechnisch liegt Zeulenroda an der Bahnlinie Werdau – Weida – Mehltheuer. Der (Untere) Bahnhof befindet sich 2,5 km vom Stadtzentrum entfernt im Vorort Untere Haardt. Eine Buslinie verbindet diesen mit dem Zentrum. Die 1914 angelegte Stichbahn zum Oberen Bahnhof dient heute nur noch dem Güterverkehr. Auf dem Oberen Bahnhof wurde ein Container-Bahnhof eingerichtet. Das Stadtbild selbst wurde durch zahlreiche Brände verändert. Nach den letzten großen Bränden 1790 und 1818 entstanden die Grundzüge der heutigen Ortsansicht. Um 1900 wurde Zeulenroda durch einige neu angelegte breitere Straßen erweitert.

Sehenswert ist das von Christian Heinrich Schopper 1825/27 im klassizistischen Stil erbaute Rathaus am Markt. Auf dem Turm befindet sich die Statue der Themis (Griechische Göttin der Gerechtigkeit), im Volksmund liebevoll „Gette“ genannt. Die Stadtkirche (Dreieinigkeitskirche), 1820 im gleichen Baustil errichtet, befindet sich in der Kirchstraße. Das Altargemälde „Grablegung Christi“ stammt von einem einheimischen Künstler, Professor Ehrengott Grünler. Die Kirche am Friedhof (Zum heiligen Kreuz) ist aus einer Straßenkapelle des 13. Jahrhunderts hervorgegangen, in ihrer heutigen Form aber erst 1885 ausgebaut worden. Eine weitere Sehenswürdigkeit ist das Stadtmuseum. Hier werden in über 20 Räumen die Geschichte des Ortes bis in die 60er Jahre unseres Jahrhunderts sowie die Entwicklung des Handwerkes und der Industrie anschaulich dargestellt.

In den Jahren 1953 bis 1970 entstanden zahlreiche Wohnungsneubauten. Von 1974 bis 1977 wurde das Neubaugebiet „Rötlein“ mit 1000 Wohnungen sowie der dazugehörenden Gaststätte, Kaufhalle, Vorschuleinrichtung, Schule u. a. gebaut.

Inmitten der Fußgängerzone befindet sich die Einrichtung der Galerie „Hans Steger“/Zeulenroda-Information. In den Ausstellungen der Galerie wird ein Einblick in das Schaffen bildender Künstler und Kunsthandwerker, vorrangig des Thüringer Raumes, gegeben. Die Zeulenroda-Information bietet dem Besucher die Möglichkeit, sich umfassend über Zeulenroda und Umngebung zu informieren. Die umliegenden reizvollen Waldgebiete wie auch die Talsperre Zeulenroda verlocken zu Spaziergängen und Wanderungen und dienen der Freude und Entspannung.

Roland Lange, Zeulenroda

Zwei unbekannte Richtungen

Schon die geographische Lage der südöstlichsten Teile Thüringens zeigt uns, wie eingeklemmt diese Region in der 40 Jahre praktizierten stalinistischen Käfigpolitik gewesen sein mußte. Besonders der Landkreis Lobenstein hatte in doppelter Hinsicht darunter zu leiden. Wir Bewohner der zum thüringischen Frankenwald gehörigen Ortschaften kannten nur zwei Richtungen, in die wir uns ungehindert und direkt bewegen durften. Einmal nach Osten in Richtung Plauen, Reichenbach und darüber hinaus oder nach Norden in die Städte Saalfeld, Jena, Pößneck und in die alles beherrschende Bezirksmetropole Gera. In Richtung Westen durften wir zwar, aber wir mußten einen Bogen fahren, um dann höchstens bis nach Eisenach vorzudringen. Der sogenannte „bayerische Fingerhut“, der vor uns in Westrichtung lag, wurde auch hier von gut funktionierenden Einrichtungen dieses Angstsystems begrenzt. Die Ostsee stand uns zwar offen, aber wer bekam schon einen Urlaubsplatz an dem so begehrten Gewässer? Man gehörte schon zu den Beneideten, wenn solch ein FDGB-Wunder einmal zutreffen sollte.

Richtung Süden war uns gänzlich verschlossen. Also „beschützten“ uns rund um die Uhr in zwei Richtungen unseres landschaftlich nun wirklich sehr reizvollen ehemaligen reußischen Oberlandkreises die zu klassenbewußten Kriegern herangezogenen NVA-Soldaten mit ihren unüberwindlichen Stacheldrahtzäunen. Sehen durfte diese natürlich kaum jemand. Es sei denn, man hatte das Unglück in einer durch Stasi-Spitzel gut durchsetzten Ort-

schaft zu wohnen. Oder man war Inhaber eines „nur für dienstliche Zwecke" zu benutzenden Grenzscheines. Wer in diesem Grenzgebiet wohnen durfte, der war schon ein Auserwählter, und als ein solcher durfte er über „Schutzmaßnahmen" natürlich nicht reden.
Wer von den Normalbürgern (dies heißt: Nichtbewohner des ehemaligen Grenzgebietes) kannte denn schon die Schieferbrüche um Lehesten, das Rennsteigdenkmal in Blankenstein, die landschaftlich von besonderem Reiz gelegenen Ortschaften Lichtentanne und Probstzella, das hoch über einer Saaleschleife errichtete Schloß in Hirschberg? Ganz zu schweigen von der gut getarnten Stasi-Lauschzentrale in Rodacherbrunn. Selbst der höchste Berg des ehemaligen Bezirkes Gera, der Wetzstein mit seinen 792 Metern Höhe, gehörte in das Traumreich so manchen Wanderfreundes. Den bis in die 40er Jahre noch gut besuchten Wetzsteinturm (ehemals Bismarckturm) hatten die besorgten Sicherheitsgenossen zu Beginn der 80er Jahre verschwinden lassen; auf dieser Hochfläche wurde im Anschluß daran ein überaus imposantes Flugüberwachungssystem installiert. Wer kannte denn schon das an einem Steilhang erbaute Sparnberg mit seiner Burgruine oder das unter der Oberhoheit sozialistischer Möchtegernerfolgsstrategen geteilte Dörfchen Mödlareuth? Um Titschendorf, dessen Lage nach stasiologischen Auswahlprinzipien besonders des Schutzes bedurfte, errichtete man sogar gleich drei Metallgitterzäune, die vielen landschaftsbefremdenden Betontürme gleich mit dazu. Vielen, die nach dem 9. November 1989 diese menschenverachtenden Sperranlagen zum erstenmal betrachteten, traten die Tränen in die Augen. Ich habe viele, sehr viele solch menschlicher Erregungen miterleben können. Im Angesicht solch todbringender Befestigungsanlagen der Neuzeit blieb kaum ein Auge trocken, und wie oft ich in diesen Wochen das aus dem Althochdeutschen stammende Wort „Wahnsinn" gehört habe, was mit Hoffnung oder Erwartung gleichzusetzen ist, vermag ich nicht mehr zu beschreiben. Die Erlöserfreude stand all den Menschen sehr gut zu Gesicht, die Hoffnung auf ein neues, auf ein ganz anderes Leben, ebenfalls mit seinen täglichen Sorgen und Kümmernissen, aber endlich frei zu sein und endlich auch in zwei weitere Richtungen fahren zu dürfen.
Wer die Jahre hinter diesem Bollwerk staatlich verordneter Freiheitsberaubung miterlebt hat, wird niemals vergessen können, zu welchen Schandtaten Menschen unter Mißbrauch zurechtgeschneiderter Ideologien – nur um die eigene Machtfülle nicht zu gefährden – fähig sind. Das Grenzgebiet hat uns dies bewiesen.

Horst Zippel, Unterlemnitz

Wer ohne Humor durchs Leben geht, der kommt im Leben meist zu spät:

Man redet den Thüringern nach, sie seien ein fröhlicher und sehr sangesfreudiger Menschenschlag. Genau dies trifft natürlich auch auf die Bewohner im äußersten Zipfel Südostthüringens zu. Und dies nicht nur, wenn sie zuvor den kräftigen Anschub einiger hochprozentiger Flascheninhalte vermarktet haben. Der Südostthüringer teilt sich bekanntlicherweise auf in Oberlandreuße jüngerer und älterer Erbteilung (die wohl mit Abstand stärkste Volksgruppe in diesem Gebiet), Oberherrschaftsschwarzburgrudolstädter, Ostsachsenmeininger, Exsklavensachsenweimaraner und den Gemischtmenschentyp des verthüringischten Preußen. Dieses bunte Völkergemisch hat eines gemeinsam: den Humor. Diese menschliche Regung bedarf keinerlei Vorkommnisse, um zum Ausbruch zu kommen. Jegliche Banalität kann der Anlaß sein, eine sich nie zu wiederholende humorvolle Darbietung auszulösen. Für den Einheimischen wird dies natürlich als nichts Besonderes betrachtet, es gehört ganz einfach zu seinem Leben. Meist werden die sprachlichen Äußerungen solcher landesüblichen Reaktionen in der jeweils vorherrschenden Mundart ausgegeben. Hiervon kennt die thüringische Literaturschreibung köstliche Beispiele aus der Historie.
Namen, ob Familien- oder Ortsnamen, haben meist eine zusätzliche Neckbezeichnung. Im Landkreis Lobenstein gibt es nur ein Dorf, dessen Bewohner ohne einen solchen auskommen müssen, und dies sind die „namenlosen" Lothraer. Merken Sie etwas: schon haben sie einen. Jedes Krümelchen kann zur Humorbombe werden. Der Thüringer ist erfindungsreich, und der Südostthüringer erfindungsreicher in der Vergebung von Bezeichnungen. In den Höhendörfern um Saalfeld haben sich diese Orts-Necknamen eisern gehalten. In den versteckten Dörfern des Frankenwaldes wurden und werden sie heute wieder von der Dorfjugend zum gegenseitigen Hänseln auf dem Tanzboden verwendet: „Dou eelendar Kirchnscheißar, mach ja des de wöidar heem kimmsd: Des kannsde vileichd möi de Feijarsteenle udar möi de Rehrleskouchn anschdöll, obar nit möid uns Fäßleseecharn, dou vargribbldar Sauhund, dou daamischar!" Ins landesweit verständliche Kulturhochdeutsch übertragen heißt das: Du schlimmer Heinersdorfer, bemühe dich darum, so schnell wie nur möglich wieder nach Hause zu kommen! Das kannst du eventuell mit den Helmsgrünern oder mit den Unterlemnitzern machen, aber nicht mit uns Lobensteinern, du heruntergekommener Mutterschweinehund, du intelligenzloser!
Selbst die Landkreishauptstadt Lobenstein ist stolz auf ihre Neckbezeichnung „Fäßleseechar". Der Ursprung soll folgender gewesen sein: Als das Tuchmacherhandwerk im vorigen Jahrhundert in der Stadt noch in voller Blüte stand, „seechte" man, um den Ammoniakbedarf für die Apperetur der Stoffe einzusparen, in überall bereitstehende Fässer, um dann den Urin als Ersatz dafür zu verwenden. So kamen die Lobensteiner zu ihrer heute

Im Orlatal

Rathaus in Zeulenroda

Gräfenwarther Kirche, idyllisch am Ortsteich gelegen ▷

Wasserkraftmuseum in Ziegenrück ▷

Einstiges Wohnhaus des „Gelehrten Bauern“ von Rothenacker (1606-1671), heute Museum ▷

nicht mehr wegzudenkenden Stadtfigur, jenem „Fäßleseechar". Leider geht das Wissen um die Herkunft solcher Bezeichnungen mehr und mehr verloren. Gehalten haben sich bis heute aber die Sticheleien, die solche Namen mit sich bringen. Das Ostthüringer Folklorezentrum hat in dankenswerter Weise eine Publikation über die Orts-Necknamen des Kreises Lobenstein herausgegeben. Hierin kann nachgelesen werden, wie und wann es zu einer Herausbildung der einzelnen Bezeichnungen gekommen ist.
Ein anderer Ausdruck des Humors ist zweifellos die Sprache. Wie schon angedeutet, läßt es sich besonders schön schimpfen in den dialektdurchzogenen Ortschaften dieser Landschaft. Hier hängt der Witz an jedem Nagel. Die Mundart(en) sind derb und voller Spott. Sie können aber auch herzlich weinen, um im übernächsten Augenblick polternd um den Stammtisch zu kreiseln. Der Humor ist trocken und kann für den Außenstehenden verletzend wirken, obwohl es nicht so gemeint ist. Ein Fremder hält sich freilich angesichts solcher Auswüchse ganz ängstlich an seinem Bierglas fest, weil er gar nicht gewohnt ist, diese oft ruckartig erscheinenden Gefühlsschwankungen innerhalb kürzester Zeit mit durchzuleben. Gaststuben wurden in wenigen Minuten zu regelrechten Exerzierplätzen umgewandelt, und der alles und alle beherrschende Möchtegerngeneral brüllte in beängstigend wirkender Rotgesichtigkeit seine Befehle in die Wirtsstube.
Oder die Gäste durften sich selbst ihre Gläser voll Bier schenken, ohne daß der Wirt nachzuprüfen vermag, ob das hinterlassene Geld auch wirklich der getrunkenen Menge entspricht. Und hier lernen wir noch eine echte Thüringer Eigenart kennen: die Ehrlichkeit. Über dieses Thema zu schreiben, wurde mir allerdings kein Auftrag erteilt. Vielleicht findet sich dafür einmal Platz in einer ganz anderen Publikation.

Horst Zippel, Unterlemnitz

Stadt Gefell

Gefell (563 m ü. d. M. , 1650 Einwohner) im westlichen Vogtland gelegen, erwarb um 1730 die Stadtrechte durch Landgraf Balthasar von Thüringen. Die Stadt kam 1460 an Kursachsen und war jahrhundertelang Enklave, eingebettet in reußischem Gebiet. 1815 wurde sie preußisch und 1945 erfolgte der Anschluß an Thüringen.
Bereits 1524 wurde im „Vertrag von Gefell" die heute noch gültige Grenze zwischen dem jetzigen Bayern und Sachsen festgelegt. Gefell wurde Ende des 17. bis Mitte des 19. Jahrhunderts bekannt durch die Turmuhrenherstellung der Handwerker Carl, nach denen noch heute der Ortsteil Carlstadt benannt ist. Die Stadt verfügt über alte Handwerkstradition; ihre früheste Innung ist seit 1602 nachweisbar. 1619 verlieh Kurfürst Johann Georg I. von Sachsen der Stadt die Obergerichtsbarkeit. Ab 1726 ist der Betrieb einer Apotheke urkundlich belegt.
Die denkmalgeschützte Stadtkirche „Unserer lieben Frauen" ist als
älteste Kirche der Gegend bekannt. Ihr Turm, um 1100 erbaut und 1664/65 nach einem Brand mit einer barocken Haube versehen, wurde Vorbild für das Stadtwappen. Das Langhaus wurde nach Abbruch der alten gotischen Kirche (1799) im klassizistischen Stil 1802 bis 1804 errichtet. Aus der alten Kirche sind noch Figurenreste eines spätgotischen Flügelaltars (kurz vor 1500), eine Arbeit aus der Werkstatt des Saalfelder Meisters von Lendenstreich, erhalten und aus dem 16. Jahrhundert der Renaissance-Taufstein; er wurde 1964 stilgemäß restauriert. Erwähnenswert sind noch ein barocker Taufengel aus dem Jahre 1729 von Nicolaus Knoll, Hof, und die 1807 von Johann Gottlob Trampeli erbaute Orgel. Die Friedhofskirche in Gefell wurde 1617 neu erbaut und 1865 fanden an ihr wesentliche Erneuerungen statt.
Das Michaelisstift wurde 1849 durch Pfarrer Bauernfeind gegründet. Ab 1977 erfolgte eine großangelegte Rekonstruktion mit Neubauten bei bemerkenswerter Unterstützung des Diakonischen Amtes, Eisenach.
Ein seltenes Baudenkmal ist das Rokoko-Gartenhaus aus dem Jahre 1792 mit hohlgeschweiftem Dach und Kuppel, einziges dieser Bauweise im gesamten Ostthüringer Bereich.
Die Stadt besitzt eine „Tanzlindengruppe", bestehend aus drei mächtigen etwa 180jährigen Lindenbäumen, einmalig in der Gegend. Nach glaubwürdiger Überlieferung sind Volkstänze bei Musik einer „Dilettanten-Capelle" nachweisbar. Die Bläser befanden sich auf einem die Bäume verbindenden Podium. Es herrschte reiches gesellschaftliches Leben in Gefell.
Ein historischer Hohlweg, schon 1717 als sehr tief bezeichnet und unter Denkmalschutz stehend, verband die Stadt mit Nürnberg einerseits und Leipzig andererseits.

Werner Rauh, Gefell

Nächste Ecke links

Die Rennstrecke bei Schleiz, die älteste noch verbliebene Naturrennstrecke Deutschlands, hat nicht nur Tradition, sondern auch Eigenarten: drei scharfe Linkskurven.
Carl Slevogt, technischer Direktor der Apoldaer Automobilwerke, förderte den Bekanntheitsgrad nachhaltig. Slevogt beschloß nämlich 1922, auf einem Straßenkurs vor den Toren von Schleiz eine Fahrt zur Kraftstoffverbrauchsprüfung zu veranstalten – zu jener Zeit eine populäre Werbeaktion für die Kraftfahrzeugindustrie.
Die Vorbereitungen erfolgten in aller Stille und der Kurs wurde auf zwei öffentlichen Straßen, die die Verbindungen nach Hof und Plauen für Schleiz waren, sowie der West-Ost-Verbindung durch die sogenannte Prinzessinnenstraße gebildet. Dieser Kurs sollte für den Bekanntheitsgrad von nachhaltiger Bedeutung sein. 1923, am 10. Juni, registrierten die Chronisten jedenfalls die erste Rennveranstaltung für Motorräder und Automobile. Von Anfang an mußte man die örtlichen Hotel- und Gastronomiebetriebe mit einschalten, um dem Ansturm von Fahrern und Gästen gerecht zu werden – ein wohl wichtiger Wirtschaftsfaktor für die seinerzeit arg gebeutelte Stadtkasse.
Gleich 1924 wurde in Schleiz der erste ausgefahrene Deutsche Meisterschaftslauf für Motorräder ausgetragen, und ein Name machte fortan Schlagzeilen, von dem noch heute Geschichten und Histörchen erzählt werden. Anton „Toni" Bauhofer gewann auf einer Rennmegola diesen ersten Deutschen Meisterschaftslauf. Bauhofer brachte es dann in den darauffolgenden Jahren fertig, immer wieder neue Rekorde aufzustellen.
Die Zuschauerzahlen stiegen zur Freude nicht nur der Organisatoren auf konstant über 100 000 an, und Namen wie Bernd Rosemeyer, Oskar Steinbach, Paul Rüttchen, Ernst Loof oder der Kölner Soenius waren allererste Güte im deutschen und internationalen Motorradrennsport.
1934 stand das Rennen erstmals auf der Kippe, denn nötige finanzielle Mittel konnte die Stadtverwaltung nicht aufbringen. In der thüringischen Landesregierung sah man jedoch die wirtschaftliche Bedeutung, und Gelder für den Ausbau der Prinzessinnenstraße sicherten den Fortbestand.
Durch die Machtübernahme der Nationalsozialisten auch im Bereich aller Sportverbände waren den Machthabern im 3. Reich prestigewirksamere Strecken wie Avus und Nürburgring wichtiger, und Schleiz konnte nach 1937 vorerst keine Rennen mehr ausrichten.
Der zweite Weltkrieg brachte dann viel schreckliches Leid auch für Schleiz, und dennoch begann man 1948 wieder mit zaghaften Versuchen, Rennen zu veranstalten. 1949 kam es zum ersten offiziellen Nachkriegsrennen, wobei 1950 für viele die bis dato größte Veranstaltung auf dem Dreieck lief, als 250 000 Zuschauer einen Gesamtdeutschen Meisterschaftslauf erlebten.
Aber fortan hatten auch im Sport die neuen Machthaber in Ostdeutschland das Sagen, und Schleiz sah sich Anfang der 60er Jahre gezwungen, neue Wege zu gehen. Automobilrennen speziell in der Formel III waren die bis Anfang der siebziger Jahre bestbesetzten Läufe im damaligen Ostblock in dieser Kategorie. Jörg Dubler aus der Schweiz, Fredy Kottolinski aus Schweden oder der Brite Chris Williams sollen hier nur stellvertretend genannt sein.
Mit der Machtübernahme Honeckers wurde Motorsport als geduldetes Übel betrachtet, und ab 1972 gab es für Schleiz keine westeuropäische Beteiligung mehr. Man konnte jedoch kaum die motorsportbegeisterten Zuschauer, die immer zahlreicher an den Schleizer Kurs kamen, aussperren, und es entwikkelte sich ein eigenartiges motorsportliches Biotop, mit Fahrern nur aus dem Ostblock, aber mit der quasi kleinen Freiheit für den Zuschauer, etwas zu erleben, was es sonst im zentral geleiteten „DDR"-Sport kaum gab.
Dennoch sehnte man sich ständig nach Internationalität und baute den Kurs kräftig aus. Durch die friedliche Revolution im Herbst 1989 schienen auf den ersten Blick auch im Motorsport neue Wege möglich zu sein, doch man wird sich für die Zukunft völlig neuen Bedingungen einer sozialen Marktwirtschaft stellen müssen. Geradezu prädestiniert könnte der Schleizer Dreieck-Kurs für Veteranenveranstaltungen sein. Weitere Überlegungen sind schnellstens in entsprechende Konzepte zu bringen. Zukünftig wird für den Fortbestand des Klassikers unter den deutschen Rennstrecken niemand von oben bestimmen, was gebracht werden darf.
Wichtig ist zu erkennen, daß die Anziehungskraft des Schleizer Dreiecks als gutes Pfand für die Attraktivität eines funktionierenden Fremdenverkehrs und zusätzlicher Einnahmen der beteiligten Gemeinden dienen kann. Ein herrlicher Kurs in wunderschöner Landschaft gibt sicher für viele auswärtige Motorsportbegeisterte den richtigen Rahmen in der schönen Ostthüringer Landschaft am Ländereck zwischen Franken, Thüringen und dem sächsischen Vogtland entspannende Tage zu erleben.
Es darf abschließend darauf hingewiesen werden, daß die Historie des Schleizer Dreiecks im Heft 2/1990 der Zeitschrift Motorrad Classic nachgelesen werden kann.

Klaus Schreiner, Schleiz

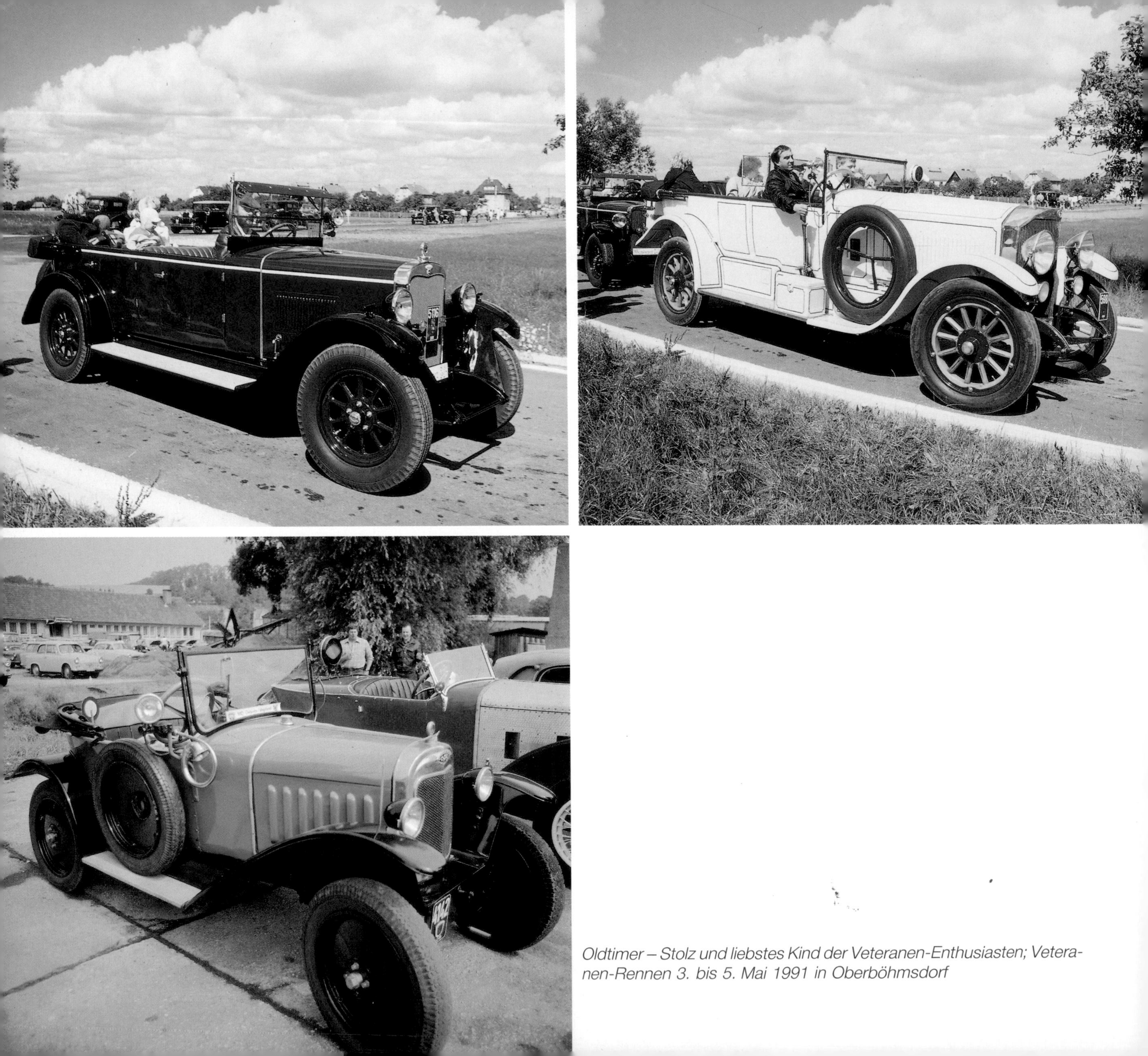

Oldtimer – Stolz und liebstes Kind der Veteranen-Enthusiasten; Veteranen-Rennen 3. bis 5. Mai 1991 in Oberböhmsdorf

Schleizer Dreiecks-Rennen – Start der Tourenwagen Typ Trabant („Trabi“)

Rennwagen auf dem Rundkurs

Die Johanniskirche zu Mißlareuth

Das heutige Gotteshaus entstand nach dem Dreißigjährigen Krieg. Es steht weithin sichtbar auf einer Anhöhe und ist neben dem Stelzenbaum und der Reuther Linde ein Wahrzeichen der Gegend. Seit 1861 wird der Kirchturm als Festpunkt der Landesvermessung genutzt. Sehenswert ist das Innere der Kirche, obwohl in der „Sächsischen Kirchengalerie" von 1850 steht: „Das Innere bietet dem Auge nur Gewöhnliches, ist unfreundlich, eng, düster und ohne Merkwürdigkeiten." Die Gemeindemitglieder haben unter der Leitung von Pfarrer Friedemann Schubert alles gründlich renoviert, und nun ist es dort hell, freundlich, außergewöhlich und voller Merkwürdigkeiten. So zeigte zum Beispiel das Altarbild ursprünglich die Beschneidung Christi, aber ein Restaurator hatte Mitleid und ersetzte mit dem Pinsel das Messer durch eine Kerze. Drei Emporen lassen die einstige Größe der Gemeinde im Dreiländereck von Bayern, Thüringen und Sachsen erkennen, zu der einst markgräfliche, preußische und kursächsische Untertanen gehörten. Einer von ihnen war Nicolaus Schmidt (1606 bis 1671), der „gelehrte Bauer" aus Rothenacker, dessen Grab im Schatten der Kirche liegt und dessen wissenschaftliches Stammbuch von 1645 im Pfarrhaus aufbewahrt wird. „Dieser ganz eigenartige Mann, der zeit seines Lebens ein schlichter Bauersmann blieb, brachte es fertig, ohne jeden Unterricht so umfassende Kenntnisse in europäischen und orientalischen Sprachen, in Musik, Arzneikunde, Astronomie, Astrologie und Alchemie zu erwerben, daß er von seinen Zeitgenossen, namentlich auch von Gelehrten, angestaunt und an verschiedene Fürstenhöfe gerufen wurde. Bekannt geworden ist der gelehrte Bauer besonders durch seine Kalender, die noch im 18. Jahrhundert unter seinen Namen erschienen."

Das Kircheninnere ist geschmückt mit Grabplatten aus dem 17. Jahrhundert (1627/91) der Familie von der Heide, deren Nachkommen heute in Landshut leben. Im 20. Jahrhundert war die Familie von Waldenfels Besitzer des Mißlareuther Gutes. Die Orgel aus dem Jahre 1862 stammt von der Werdauer Firma Bärmig.

Die Johanniskirche ist nicht nur geistlicher sondern immer öfter auch kultureller Mittelpunkt der Gegend und lädt zu zahlreichen Musikveranstaltungen ein.

Werner Pöllmann, Siebenbrunn

Tierlieb

Wie gut mir Vuegtlänner mit unnern Viehlich sei, do drieber braucht mer doch eigntlich goar net grueß ze reden. Be uns, do gehärn ebn Hund und Katz, Zieg und Schof, Sau und Kuh, Ochs und Pfer aafach miet zer Familie. Und die habn aah alle en ordntlichn Noame, und se wern aah do dermiet gerieft. Do is ebn de Kuh de Lies, dr Ochs dr Max und Äs Pfer dr Hans. Und mit unnern Tiern, do tunne mer uns unterhalten, mit dennen tunne mer reden und derzehln. Die tunne mer lobn und emende aah emoll ausschimpfen.

Do muß iech an meiner Mutter ihrn Onkel denken, an Struebels Franz in Weißensand. Wenn der mit sann zwee Ochsen draun Feld geackert hot, do hot der ne ganzen Tog mit dennen geredt, und wenn 'r emoll aufgehärt hot mit derzehln, do sei de Ochsen stiehegebliebn.

Emoll hot dr klaane Gung zen Fenster nausgeguckt und gerieft: „He, unnere Leit kumme, dr Franz mitn Ochsen!" Ja, sue is des, de Ochsen gehärn ebn aah miet zen Leiten.

Aber dr Reinholds Max, der hot des, wie mir'sch vürkimmt, net esue richtig verstanden. Wie der mit sann Ochs de Stroß dingeherkumme is, do ho iech gesogt: „Guten Morgn mitenanner!" Do hot miech dr Max fei oagezeigt und hot miech vurn Friedensrichter zitiert. Aber die Sach is nooch noch hallweg gut ausgange, und mer sei bis heit noch gute Freind. Warim aah net weng eren setten Ochs?

Anmerkung:

Gut kann ich mich noch daran erinnern, daß in meiner Kinderzeit in manchen Bauernhäusern der Tod des Bauern den Haustieren in aller Form mitgeteilt wurde. Ein nahes Familienmitglied, die Bäuerin oder der älteste Sohn, ging im Stall zu jedem einzelnen Tier und rief ihm zu: „Laß es dir melden, dein Herr ist zu dieser Stunde gestorben!" War ein Imker, ein Bienenvater, gestorben, so ging man vor die Bienenstöcke und sagte: „Dein Herr ist tot; verlaß mich nicht in großer Not!"

Hermann Gerisch, Lengenfeld

E schlechter Bezohler

Ben Meinels Franz woarn oft de Pfeng e weng knapp. Sei Glos Bier hot 'r aber aah gern getrunken, und oft net ner aans. Wie wieder emoll daun Stadtkeller ben Riedels Kurt fünf Glos Bier oageschriebn woarn, hot 'r siech e ganze Weile net sehe loon.

Aber do siehet doch dr Kurt zufällig von sann Küchenfenster aus ne Franz draun vorbeimarschiern. Fix reißt dr Kurt '

s Fenster auf und rieft naus: „He! Franz! Du host fei noch fünf Glos Bier hinne stiehe!" Do gob ne dr Franz ganz klaalaut zr Antwort: „Waßt de, Kurt, schiet se lieber weg! Iech ho itze kann Dorscht."

Hermann Gerisch, Lengenfeld

Wer Ruhe und Beschaulichkeit sucht, findet sie inmitten von Wäldern und versteckten Wiesen mit erlengesäumten Bachläufen.

Stadt Reichenbach

Einen imposanten Anblick bietet Reichenbach, wenn man sich der Stadt von der Autobahn her nähert. Man erkennt zunächst einen Höhenrücken, auf dem sich der Ort ausdehnt. Auf der höchsten Stelle (438 m ü. d. M.) steht der 1926 im Bauhausstil errichtete Wasserturm, das Wahrzeichen Reichenbachs. An den Hängen drängen sich die nach 1870 erbauten Häuser der schachbrettartig angelegten Straßenzüge. Es sind Häuser mit Schmuckelementen aus Historismus, Eklektizismus und Jugendstil, darunter viele Klinkerbauten. Aus den Häusern heraus erheben sich einige lange Fabrikschornsteine, die erkennen lassen, daß Reichenbach eine traditionelle Industriestadt ist. Schon um 1700 war Reichenbach eine blühende Tuchmacherstadt mit weitreichenden Handelsverbindungen nach Franken, Schwaben und den habsburgischen Erblanden. Das Tuchmachergewerbe bildete im 19. Jahrhundert die Grundlage für eine leistungsfähige Textilindustrie. Kein Wunder, daß hier 1848 die älteste deutsche Bildungsstätte der Textilbranche entstand. Der 1927 errichtete Gebäudekomplex der „Höheren Textilfachschule“ mit seiner funktionalistischen Fassadengestaltung gehört zu den architektonisch interessantesten Gebäuden im Vogtland.

Endlich führt die Straße ins Tal, dorthin, wo Reichenbach entstand. Von der Reichsstraße, die ihren Namen der wichtigen mittelalterlichen Fernverbindung verdankt, blickt man auf die Altstadt und die Stadtkirche St. Petri und Pauli. Die den Schutzpatronen des Bistums Naumburg geweihte Kirche wurde Mitte des 12. Jahrhunderts vermutlich oberhalb einer Slawensiedlung (Altstadt) gegründet. Von 1260 bis 1526 gebot der Deutsche Ritterorden über das Gotteshaus. Nur noch der untere Turmteil ist aus romanischer Zeit erhalten. Die heutige Gestalt erhielt die Kirche nach dem großen Stadtbrand von 1720. Zur schlichten barocken Ausstattung zählt ein Kanzelaltar mit den Plastiken von Petrus und Paulus. Ursprünglich waren Kanzel und Altar zwei eigenständige Werke. 1723 wurde die Kanzel angeschafft, 1727 der Altar, in dessen Mitte sich einst das heute an der Wand hängende Kruzifix befand. Die zweimanualige Orgel erbaute 1725 Gottfried Silbermann.

Über die Kirchgasse gelangt man auf den Johannesplatz. Hier begann erst die eigentliche ummauerte Stadt. Die topographische Lage Reichenbachs war so ungünstig, daß die befestigte Marktsiedlung oberhalb der Kirche und ohne diese angelegt wurde. Mit 740 m Stadtmauerlänge war auch Reichenbach eine der kleinsten im 13. Jahrhundert gegründeten Städt.

Das wichtigste Haus am Johannesplatz ist das alte Gerichtshaus. Wahrscheinlich war es schon im 13. Jahrhundert als festes Haus der auf der Burg Mylau sitzenden Stadtherren gegründet worden. Seit 1460 waren die Herren von Metzsch Stadt- und Gerichtsherren. Einer der von ihnen eingesetzten Gerichtsinspektoren, Daniel Weißenhorn, ist der Vater der hier am 9. März 1697 geborenen Schauspielerin und Theaterreformatorin Caroline Neuber.

Am Markt, der sein Aussehen nach dem Stadtbrand von 1833 erhielt, zeigen noch einige Häuser ihren schlichten klassizistischen Charakter. Das geschäftigste Treiben ist aber vor allem auf dem Postplatz, nur wenige Meter vom Markt entfernt, zu erleben. Dominierender Bau ist die dreitürmige Trinitatiskirche. 1621 als Begräbniskapelle des umliegenden Friedhofs gegründet, war sie im 19. Jahrhundert zeitweilig Simultankirche für Protestanten und Katholiken. Die Kirche, äußerlich aus dem 17./18. Jahrhundert stammend, besitzt eine für das Vogtland seltene neobarocke Ausmalung. Das 1904 erbaute Postamt ist ein repräsentativer Bau in eklektizistischem Stil.

Eine vom Postplatz wegführende Straße ist die Mitte des 19. Jahrhunderts ausgebaute Bahnhofstraße. Wer sie entlang zum Bahnhof geht, kann die Entwicklung des Bürgertums im 19. Jahrhundert gut verfolgen. Zuerst sind es kleine bescheidene Häuser, später wirken sie solider gebaut, es folgen die Villen, zuerst die stilvollen historischen, dann die mehr eklektizistischen. Am Ende der Straße stehen die mehrstöckigen Wohnhäuser für die gutbürgerlichen Familien.

Der Bahnhof entstand 1846 an der sächsisch-bayerischen Eisenbahn und entwickelte sich zum größten im Vogtland, der 1901/02 als zweiter in Sachsen eine eigene Elektrizitätserzeugungsanlage erhielt. Dieser früheste Bahnanschluß einer vogtländischen Stadt hatte zur schnellen industriellen Entwicklung Reichenbachs wesentlich beigetragen.

Andreas Raithel, Reichenbach

Die Göltzschtalbrücke

In den alten Bundesländern dürfte es zahlreiche Bürger geben, die zwar schon den berühmten Pont du Gard in Südfrankreich bewundert haben, aber die weltgrößte Ziegel- und zugleich Steinbrücke nicht kennen. Beide haben übrigens neben der äußeren Ähnlichkeit auch eine funktionelle. Wie eine antike Wasserleitung mußte auch der Schienenweg im Unterschied zur Straße ein Tal in voller Höhe und Breite überqueren und erforderte deshalb den Bau zahlreicher hoher Brücken, die in den ersten Jahrzehnten der Eisenbahn vielfach aus Stein und Ziegel errichtet wurden. Je nach Höhe der Pfeiler fügte man dabei unterhalb der obersten Bögen in 1 bis 3 Etagen weitere Bögen ein. Die Eisenbahnbrücke war natürlich hinsichtlich der hohen dynamischen Belastung durch den fahrenden Zug eine völlig neue Herausforderung für die Erbauer.

Genau ein Jahrzehnt nach Vollendung der Nürnberg – Fürther Linie begannen 1845 im Göltzschtal bei Netzschkau und Mylau sowie im Elstertal bei Jocketa die Vorbereitungsarbeiten für die damals höchsten Eisenbahnbrücken der Welt (zur Elstertalbrücke siehe den Abschnitt „Das Wander- und Erholungs-

gebiet der Talsperre Pöhl"). Nach relativ raschen Fortschritten beim Bau der Sächsisch-Bayerischen Eisenbahn (Leipzig – Hof) seit 1841 hatten sich die Eisenbahnkompanie und die sächsische Regierung zu dem aufwendigen und risikoreichen Vorhaben entschließen müssen, weil im Vogtland keine günstigere Trasse gefunden worden war.
78 m hoch und 574 m lang mußte der Viadukt im Göltzschtal werden. Ein Wettbewerb lieferte zwar 81 Vorschläge, darunter manche Kuriosa (Erddamm usw.), aber nicht die geeignete Lösung. Aus renommierten Fachleuten bestehend (unter anderen Gottfried Semper), mußte die Dresdner Prüfungskommission daher selbst das Ausführungsprojekt schaffen.
Daß es im Unterschied zu den Wettbewerbsvorschlägen mathematisch begründet war, ist ihrem Vorsitzenden, einem gebürtigen Vogtländer, Prof. Johann Andreas Schubert (1808 bis 1870) von der Technischen Bildungsanstalt (heute Technische Universität) Dresden zu verdanken, der hier eine von ihm entwickelte Brückentheorie erstmals anwendete und damit den Schritt von der Erfahrung zur Wissenschaft tat (Gedenktafel von 1958). Er hatte bereits 1838 mit dem Bau der ersten deutschen Lokomotive (Saxonia) eine wahrhaft bahnbrechende Leistung vollbracht.
Die Kommission entschied sich für die vorrangige Verwendung von Ziegeln, kombiniert mit Naturstein (vor allem Granit) für die stark belasteten und feuchtigkeitsgefährdeten Bauwerksteile. Die Beschaffung und der Transport dieser Baustoffe – allein über 26 Millionen Ziegel – wie auch des Bauholzes in wenigen Jahren waren eine Riesenaufgabe für sich.
Oberste Maxime für die Gestaltung des beispiellosen Bauwerkes war das Streben nach größtmöglicher Sicherheit und Lebensdauer, so daß ein durchgehender 4-Etagen-Bau mit relativ kleinen Bogenspannweiten geplant wurde. In der Brückenmitte kam es jedoch durch Fehlen festen Baugrundes für einen Pfeiler auf Vorschlag von Oberbauleiter Robert Wilke (1804 bis 1889) mit den beiden großen Bögen (Spannweite oben 30,9 m) zu einer kühneren und auch ästhetisch wirkungsvolleren Lösung.
Nach der Grundsteinlegung im Mai 1846 konnte der Bau durch technische und Finanzprobleme erst 1848 mit voller Kraft beginnen, schritt dann aber umso schneller voran. Im September 1849 waren die ersten 2 Etagen vollendet; bereits ein Jahr später konnte der Schlußstein in den oberen großen Bogen eingefügt werden. Am 15. Juli 1851 wurden beide Brücken feierlich eingeweiht, womit die erste Eisenbahnverbindung zwischen Nord- und Süddeutschland über den verkehrshemmenden Mittelgebirgswall vollendet war. Bis zu 1736 Bauhandwerker und Hilfskräfte arbeiteten gleichzeitig auf der Baustelle. Die Bedingungen für ihre Tätigkeit (Gefährlichkeit, Akkordlohn, Arbeitszeit bis zu 13 Stunden usw.) trugen zu über 30 Todesfällen bei, vielfach durch Sturz von den hohen Gerüsten. Bei der Herstellung der obersten Etage kam 1850 jeder 75. Arbeiter ums Leben.
Oberingenieur Wilke und Ingenieur Ferdinand Dost (1810 bis 1888), die in meisterhafter Weise den Bau leiteten, vertrauten auf ihr Werk. Entgegen einer verbreiteten (Wander-) Sage vom Selbstmord des Erbauers haben sie die Einweihung um über 35 Jahre überlebt.
Entgegen allen Prophezeiungen der vielen Gegner des Vorhabens steht die Göltzschtalbrücke bereits 140 Jahre ununterbrochen im Dienste des Verkehrs, obwohl die über sie führende Hauptstrecke stets mit den schwersten und schnellsten Lokomotiven und Zügen befahren wurde (bis zu über 200 pro Tag). Sie ist alles andere als nur ein ehrwürdiger Veteran aus den Kindertagen der deutschen Eisenbahn und war bisher den enorm steigenden Anforderungen stets vollauf gewachsen.
Die Route Hof – Plauen – Reichenbach stellt die einzige direkte Eisenbahnverbindung zwischen Bayern und Sachsen dar. Aus München, Nürnberg und Stuttgart kommen die in Reichenbach eintreffenden Züge. Erst in Zwickau zweigt von der ursprünglichen Hauptlinie nach Leipzig seit 1869 die wichtige Strecke nach Dresden ab, was dem Reichenbacher Bahnhof zu besonderer Bedeutung und Größe verholfen hat. Im Verkehr zwischen den alten und neuen Bundesländern hat die Göltzschtalbrücke daher eine wichtige Funktion und ist darüber hinaus auch als Sehenswürdigkeit ein Besuchermagnet ersten Ranges.

Dr. Peter Beyer, Reichenbach

Entlang der Göltzsch

Die Göltzsch entspringt bei Grünbach im sogenannten Göltzschgesprenge, einem moosgepolsterten Quellmoor, zunächst als Weiße Göltzsch, nimmt bei Ellefeld die Rote Göltzsch auf und heißt dann nur noch Göltzsch. Nach einem Gesamtlauf von 40,5 km mündet sie dicht vor Greiz in die von Plauen her kommende Weiße Elster. Das Gefälle von der Quelle bis zur Mündung beträgt 393 m. Das Wassereinzugsgebiet umfaßt 232 km.
Noch vor etwa 100 Jahren nutzten über 40 Betriebe – Mühlen, Papierfabriken, Bleichereien, Färbereien, Gerbereien, Spinnereien und andere Textilbetriebe – die Wasserkraft der Göltzsch. Jetzt, im Jahre 1991, wird nur noch in der unter Denkmalschutz stehenden Klopfermühle in Lengenfeld eine Turbine mit dem Wasser der Göltzsch angetrieben – sofern genügend Wasser zufließt. Diese Mühle, früher Hoyersmühle genannt, wird im Jahre 1438 in einer Schenkungsurkunde erwähnt. In dieser Urkunde, die sich im Zwickauer Ratsarchiv befindet, taucht auch zum ersten Mal der Name Lengenfeld auf.
Die Göltzsch trieb aber nicht nur Mühlen an, sie wurde auch zum Holzflößen genutzt. Die Forstämter verfrachteten die im „oberen" Vogtland geschlagenen Stämme und auch Scheitholz über ein ausgeklügeltes Fluß- und Grabensystem ins Unterland. So gab es z. B. einst in Lengenfeld einen Floßplatz. Dort zog

Marktplatz mit Landratsamt in Reichenbach

Blumen zum Muttertag – Begegnung vor dem Schenkerhaus, einer Einkaufsstätte mit langer Tradition

Ein beliebtes Wanderziel ist das zwar kleine, doch mit vielen seltenen Pflanzen ausgestattete Triebtal.
Hobbyschnitzer bei der Arbeit; Erzeugnisse eines Freizeit-Drechslers; Klöppelzirkel an der Lessing-Oberschule in Lengenfeld (Seite 44) ▷
Hermann Gerisch mit seinen 80 Jahren ist im Heimatmuseum Lengenfeld noch sehr aktiv (Seite 44) ▷
Blick auf die Stadt Mylau mit Burg und Kirche; im Hintergrund die Stadt Netzschkau und die Göltzschtalbrücke (Seite 45) ▷

ein Floßmeister mit seinen zwei Floßknechten die Stämme aus dem Wasser, lagerte sie und verkaufte sie an die Zimmerleute und Baumeister der Nachbarschaft. Dieser Floßplatz befand sich oberhalb des heutigen Klopferschen Wehres an der Göltzsch.

Bestimmte und besonders gekennzeichnete Flöße trieben weiter die Göltzsch hinab in die Elster und schließlich bis nach Leipzig, wo es noch heute einen Floßplatz gibt. Das weit über 100 km Gesamtlänge umfassende Floßgrabensystem der Weißen Elster verband die sieben Flüsse Zwota, Göltzsch, Zwickauer Mulde, Weiße Elster, Pleiße, Luppe und Saale miteinander und war wohl das größte und ausgedehnteste von ganz Deutschland. Es war eine wasserbautechnische Meisterleistung unserer Vorfahren.

In der Göltzsch, deren slawischer Name mit „Goldbach" übersetzt wird, wurde früher auch an mehreren Stellen Gold aus dem Schwemmsand gewaschen und aus den steinigen Uferwänden geschürft. So gab es um 1730 zwischen Lengenfeld und der Bünaumühle sieben Goldseifen. Noch im Jahre 1842 schürfte ein Schichtmeister Heubner oberhalb der Papiermühle Weißensand und fand „8 ziemlich große Blättchen und einige feine Spitzen". Die Venetianerhöhle unterhalb der Gaststätte Waldfrieden ist ebenfalls eine alte Goldfundstelle.

Das Göltzschtal, ein beliebtes Wandergebiet, wird von Lengenfeld ab immer enger und tiefer und von Mylau ab windungsreich und schluchtartig, begleitet von zum Teil recht schroffen Felswänden. Dieser Teil wurde daher zum Landschaftsschutzgebiet „Unteres Göltzschtal" erklärt, das auf dem Köhlersteig begangen werden kann, benannt nach Dr. Ernst Köhler, dem Begründer des Reichenbacher Naturkundemuseums, dessen Sammlungen jetzt in der Burg Mylau untergebracht sind.

Die Autobahn A 72 überquert die Göltzsch auf der Autobahnbrücke bei Weißensand, berühmt geworden durch das Buch von Auguste Lazar „Die Brücke von Weißensand", in dem sie schildert, wie 1945, kurz vor dem Ende des zweiten Weltkrieges, die SS-Leute einen Frauentransport über diese Brücke führten und wie mutige Menschen, unter anderem eine Bauersfrau aus Weißensand, zwei dem Tode nahen Frauen retteten.

Diese Autobahn verbindet Sachsen und besonders das sächsische Vogtland mit Oberfranken. Für diese Ost-West-Verbindung und auch für eine Nord-Süd-Verbindung ist das nordöstliche Vogtland von jeher wichtig gewesen. Man denke nur an die von Dresden und von Berlin herankommenden Eisenbahnzüge, die ja alle über die Göltzschtalbrücke fahren müssen. Von alten Handels-, Salz-, Reichs- und Heerstraßen soll hier gar nicht die Rede sein. Aber eine nicht alltägliche Verkehrseinrichtung möchte noch erwähnt werden: die von 1905 bis 1957 zwischen Mylau und Lengenfeld im Göltzschtal hin- und herfahrende Bimmelbahn, allgemein bekannt als die „Mylesche Berta" oder auch nur als die „Berta". Früher trug ja, wie heute noch jedes Schiff, jede Lokomotive einen Namen, in Messingbuchstaben aufgenietet. Die Göltzschtalbahn Mylau – Lengenfeld wurde seinerzeit von der Firma Berndt und Söhne gebaut, und da Frau Berndt mit Vornamen Berta hieß, erhielt ihr zu Ehren die Lokomotive unserer Bimmelbahn den Namen Berta. Günter Rink, ehemaliger Bürgermeister von Lengenfeld, hat das in einem vertonten Gedicht so verewigt:

Unner Berta

Von Lengefeld zer Göltzschtolbrück
do kunntst de noch vor Gahrn
's Tol dingenoh un aah zerück
mit unnerer Berta fahrn.
Se klingelt lustig: Bim! Bim! Bim!
Schie hot ihr Glock getönt.
Un mir un alles, wos drimrim,
des hatt sich dra gewöhnt.
Wolltst de mol af Reichnbach nei,
do stundst de manchmol dort.
De Sperr war zu, dr Zug fuhr ei
un fuhr dann aah noch fort.
De Berta macht ner: Bim! Bim! Bim!
Schie hot ihr Glock getönt.
Un mir un alles, wos drimrim,
des hatt sich dra gewöhnt.
Doch wie de Berta wuret alt,
hot se sich eigestellt.
De neie Zeit, die war 'r halt
ze schnell wurn in dr Welt
Verklunge is ihr Bim! Bim! Bim!
De Glock heit ni mer tönt.
Un mir un alle, die drimrim,
habn sich aah dra gewöhnt.

Hermann Gerisch, Lengenfeld

Stadt Netzschkau und ihr Schloß

Ob man auf der B 173 oder einer anderen Straße durch Netzschkau fährt, immer ist zu spüren, daß es ebenso wie Reichenbach eine Stadt am Hang ist. Dieser erstreckt sich von der Göltzsch und insbesondere vom in sie mündenden Limbach bis zum Stoppbachtal am Fuße des Kuhbergs. Eine leichte Vertiefung an diesem Hang im Bereich des Marktes – heute nur hinter den seitlichen Häusern erkennbar – dürfte dem sorbischen Ortsnamen nach (necky, necka = Mulde) im 8./9. Jahrhundert zur Gründung eines Dorfes geführt haben. Bei der deutschen Besiedlung im 12. Jahrhundert entstand höchstwahrscheinlich etwa 100 m nördlich davon auf einer höhergelegenen Terrasse ein Rittersitz – bewohnt von einer nach dem Ort benannten Adelsfamilie, deren erste Erwähnung 1351 indirekt auch die Existenz Netzschkaus bezeugt.

Rund 100 Jahre später gehörte es den vorher schon in Mylau ansässigen Rittern Metzsch und entwickelte sich gleichfalls zum Mittelpunkt einer großen Grundherrschaft mit Bauern in zahlreichen Dörfern der nahen und wei-

teren Umgebung. Ein profilierter Vertreter von ihnen, der am kurfürstlich-sächsischen Hof ein hohes Amt innehatte, verhalf Netzschkau um 1490 zu seiner wichtigsten Sehenswürdigkeit. Vermutlich nach Abbruch eines älteren Baues ließ Caspar Metzsch neben dem Rittergut einen Herrensitz in der damals völlig neuen Form eines unbefestigten Wohnschlosses errichten und im gleichfalls neuen Stil der sächsischen Spätgotik betont repräsentativ gestalten. An und in dem Rechteckbau mit seinem Rund- und seinem Viereckturm waren fast alle zeittypischen Schmuckformen vertreten: Vorhangbogenfenster, Staffelgiebel mit Blendbogenarkaden, Holzdecken mit stark profilierten Unterzügen und als wertvollstes von allen überaus reich verzierte Türrahmen.
Kurz bevor der Dreißigjährige Krieg ab 1631 auch Sachsen heimsuchte, ließ ein weiterer bedeutender Schloßherr namens Carol Bose um 1627 die unmodern gewordenen Decken verputzen und mit Stempel- bzw. Modelstuck verzieren. Er ist die älteste Form deutschen Stucks im sächsisch-thüringischen Raum und an keiner anderen Stelle noch in diesem Umfang erhalten. Im Zuge der Neugestaltung kam in das Schloß auch ein prunkvoller Kachelofen mit einem pagodenartigen und vielfältig verzierten Aufsatz über dem gußeisernen Feuerkasten (4,10 m hoch). Außerdem wurden zwei Schloßflügel und eine -kapelle errichtet, die aber inzwischen wieder ebenso verschwunden sind wie das gesamte Rittergut.
Wie schon 1491 Caspar Metzsch, jedoch unter günstigeren wirtschaftlichen Bedingungen, bemühte sich ein Sohn Carol Boses 1687 um die Verwandlung Netzschkaus in eine Stadt. Der Ort entwickelte sich zu einem von der Handweberei geprägten Handwerkerstädtchen und nach dem Eisenbahnanschluß 1851 zur Industriestadt mit Textil- und später auch Metallbetrieben.
Ein Jahr nach dem Tod der letzten Schloßherrin 1943 erwarb die Stadtverwaltung Schloß und Park. Nach umfangreichen Arbeiten im Inneren des Gebäudes hat 1990 die Außengestaltung begonnen, und die bereits vollendeten Teile zeigen, daß der Bau nach seinem Abschluß ein völlig neues reizvolles Bild bieten wird, das nun auch den wertvollen Räumen entspricht. Netzschkau besitzt in dem Schloß nach fachmännischem Urteil ein architektonisches Kleinod, das in der Industriestadt mit ihren meist in und nach der Gründerzeit entstandenen Häusern kaum jemand vermutet. Das Gebäude ist nicht nur der früheste, sondern auch schönste Schloßbau im sächsischen Vogtland und verdient es, der Öffentlichkeit zugänglich gemacht zu werden. Beachtung sollte auch der benachbarten Schloßkirche von 1840 mit ihrem 43 m hohen Turm – der Dominante im Ortsbild – und dem wirkungsvoll gestalteten klassizistischen Innenraum geschenkt werden.
Am Rande der Stadt und zum Teil noch auf ihrer Flur überwindet die durch Netzschkau führende große Eisenbahnlinie das Göltzschtal auf der berühmten Brücke. Der beste Blick auf das gesamte Bauwerk aus geringer Entfernung (Fotografiermöglichkeit!) ist ungefähr vom Ende der durch den obersten linken Brückenbogen führenden Straße aus möglich. Von hier oder von der anderen Hangseite aus kann über Weidig und Köhlersteig flußabwärts eine reizvolle Talwanderung unternommen werden (bis zur Gaststätte „Waldfrieden" und im Stoppbachtal zurück nach Netzschkau). Überragt wird der Ort vom bewaldeten Kuhberg, mit dem die Netzschkauer vieles verbindet. Der Aussichtsturm und die attraktive Gaststätte sind großenteils von ihnen geschaffen worden und ihr beliebtestes Ausflugsziel. So ist in und um Netzschkau „zwischen Berg und Tal" manches vorhanden, das zum Teil noch seiner touristischen Erschließung harrt, aber schon heute einen Besuch lohnt.

Dr. Peter Beyer, Reichenbach

Stadt Mylau

Wer aus Richtung Plauen durch Netzschkau fährt, erkennt nur am Ortsschild, wo diese Stadt endet und Mylau beginnt. Hier nimmt die B 173 die aus Greiz kommende und durch die Göltzschtalbrücke führende Straße auf und passiert nun ein Fabrikviertel. Man ahnt, daß Mylau zu den traditionsreichen vogtländischen Industriestädten gehört.
Unerwartet eröffnet sich nach einer Rechtskurve der Blick auf eine hochgelegene Burg und eine Kirche, die mit ihrem 72 m hohen Turm weit über die Häuser der Kleinstadt hinausragt. Durch ein am Markt befindliches Tor gelangt man in den Zwinger, eine erstaunlich große Vorburganlage. Historischer Boden wird mit dem steilen Aufstieg zur Burg betreten. Kaiser Karl IV. weilte hier 1367. An dieses Ereignis erinnert das Stadtwappen, das den Kaiser und böhmischen König zeigt, der Mylau damals das Stadtrecht verlieh und die Burg im gotischen Stile ausbauen ließ.
In ihrer Grundkonzeption ist die Burg ein typisch romanischer Wehrbau, der im Zuge der deutschen Ostexpansion um 1180 gegründet wurde. Der Bergfried, die beiden Vierecktürme und die zwei unregelmäßigen Höfe entstanden in dieser Zeit. An einen Umbau im Renaissancestil nach 1500 erinnert ein Treppentürmchen im unteren Burghof. Aus der Zeit der Gotik stammt die einstige Gerichtsstube, durch die man das 1893 auf der Burg eröffnete Museum betritt. 1212, so erfährt man hier, wird die Herrschaft Mylau („... provinciam que Milin dicitur cum Richenbach") erstmals erwähnt. Das Museum informiert nicht nur über die Geschichte von Burg, Stadt und Herrschaft Mylau, es zeigt auch eine vogtländische Weberstube und berichtet vom Bau der Göltzschtal- und Elstertalbrücke.
Was kein Besucher des Museums bei seinem Rundgang erwartet, das ist die reichhaltige naturkundliche Sammlung, die größte im Vogtland. Hervorgegangen ist sie aus den Beständen der beiden Naturkundevereine in Rei-

Heimatmuseum

chenbach und Mylau. Gezeigt werden vor allem heimische Tiere, darunter seltene Präparate, und vogtländische Mineralien. Zu den Prachtstücken der Sammlung zählt ein Wisent, ein Geschenk des letzten russischen Zaren.
Zum Museum gehören die Räume der Ende des 19. Jahrhunderts im Stil des Historismus eingerichteten Schloßschenke. Der repräsentativste Raum der einstigen Gaststätte ist das 1899/1900 mit wertvoller Holzvertäfelung und Wandmalereien verzierte Metzschzimmer. Dieser an gotische Vorbilder erinnernde Raum ist benannt nach Luthers Freund Joseph Lewin Metzsch, dem neben Carol Bose bedeutendsten Besitzer der Burg. Die Schloßschenke verdankt ihre Existenz jenen Mylauer Bürgern, die sich 1892 im Schloßbauverein zusammenfanden. Damals ging man daran, die inzwischen schon recht baufällige und gerade in städtischen Besitz übergegangene Burg grundlegend zu erneuern. Der Burgumbau kam dabei dem Bedürfnis nach einem bisher fehlenden kommunalen und kulturellen Zentrum genauso entgegen wie dem erwachten Interesse des Bürgertums für die deutsche Geschichte. Hier verwob sich die romantisch verklärte Sehnsucht nach dem mittelalterlichen Kaisertum, die in Mylau in der Person Karls IV. reale Gestalt angenommen hatte, mit der Treue zum wilhelminischen Deutschen Reich. So erhielt der gegenüber dem Museumseingang befindliche Palas-Flügel nicht nur eine historistische Fassade, sondern auch als oberste Giebelzierde das Reichswappen und die Krone Wilhelms II. Innen wurde der Palas zum Rathaus umgestaltet. Den Rathausbesucher empfing im Treppenhaus ein farbenfreudiges Bleiglasfenster mit den Wappen des Reiches, des Landes und der Stadt. Besonders prachtvoll gestaltete man den 1896 eingeweihten Ratssitzungssaal, in welchem die Wappen der ehemaligen Burgbesitzer zu finden sind.
Der Historismus hat in Mylau nicht nur auf der Burg seine Spuren hinterlassen. Neben dem 1894 erbauten Postamt mit seinem Telegrafentürmchen ist es vor allem die Kirche, die durch diesen Baustil geprägt wurde. Nachdem 1887 das kleine aus dem Mittelalter stammende Gotteshaus abgebrochen worden war, entstand ein neogotischer Neubau des Leipziger Architekten Julius Zeißig, der 1890 geweiht wurde. Die originale Innenausstattung ist erhalten geblieben. Beeindrukkend sind die farbenprächtigen Bleiglasfenster, vor allem die im Altarraum mit Darstellungen der biblischen Geschichte zu den drei hohen kirchlichen Feiertagen. Sie stammen aus einer Werkstatt von Kölner Kunstglasern. Aus dem Vorgängerbau wurde die Orgel übernommen. Der berühmte Freiberger Orgelbauer Gottfried Silbermann schuf sie 1731. Sie hat noch ihre alte Stimmung im Chorton. Neu dagegen ist der Prospekt. Immer wieder ist es ein Erlebnis, wenn namhafte Organisten auf dem klangschönen Werk musizieren.
Ein lohnendes Ausflugsziel kann das Dorf Obermylau sein. Vom Markt aus erreicht man es über den steil ansteigenden Obermylauer Berg. Der aufmerksame Wanderer erblickt dabei links ein altertümliches steinernes Sühnekreuz. Der hochgelegene Ort Obermylau war einst eine slawische Gründung. Davon künden noch heute die rings um den Teich erbauten Häuser. Der Gasthof, ein auf dem Dorfplatz befindlicher Brunnen und das nach dem ersten Weltkrieg geweihte Denkmal, den Kampf Siegfrieds mit dem Drachen zeigend, laden zum Verweilen ein. Nur wenige Meter entfernt vom Dorfkern steht ein größerer Gebäudekomplex, das einstige Rittergut. Es entstand aus einem um 1200 errichteten Herrenhof, der immer zur Burg Mylau gehörte und der Versorgung ihrer Bewohner diente. Auf dem Höhenweg über einen Steinbruch kommt man zu einer Stelle, wo sich ein malerisches Panorama eröffnet: der Blick auf Mylau und die Göltzschtalbrücke.

Andreas Raithel, Reichenbach

Kirchen im Raum Lengenfeld

„Ort am langen Feld“ – nichts anderes bedeutet der Ortsname Lengenfeld. Nach 1471 entwickelte sich das Rodungsdorf zum Markt und später zur Stadt, doch wer von der Höhe auf den Ort blickt, erkennt immer noch ein langes Dorf. Überragt wird die Stadt von der 1859 bis 1864 erbauten neoromanischen Kirche St. Ägidius. Ursprünglich, bis 1545, gehörte die Lengenfelder Kirche zur Pfarrei Treuen. Die Pläne für den heutigen Bau lieferte Christian Friedrich Arnold (1823 bis 1890), ein Schüler Gottfried Sempers. Damals, nach dem Stadtbrand von 1856, richtete man den Kirchenneubau aus stadtplanerischen Gründen nicht nach Osten aus, und so konnte die architektonische Wirkung der Kirche durch eine Freitreppe verstärkt werden. Bemerkenswert ist im Inneren das Altarbild, eine Kreuzabnahme des Leipziger Malers Gustav Jäger (1808 bis 1871).
Von Lengenfeld sind es nur wenige Kilometer zu den Dörfern Waldkirchen, Irfersgrün, Röthenbach und Plohn. Im Mittelalter waren es die vier östlichsten Ortschaften in der alten Herrschaft Mylau, deren Mutterkirche die Peter-Paul-Kirche in Reichenbach war.
Schon sehr früh hat Waldkirchen ein Gotteshaus erhalten. Der Ortsname sagt es: „das Dorf bei einer im Wald gelegenen Kirche“. Von diesem alten Kirchbau dürfte noch das romanische Portal aus der Zeit um 1200 stammen. Es hat keinen plastischen Schmuck. Die Ausführung der Türrahmung ist schlicht. Eine Besonderheit ist aber der schwere, aus Eichenholz gearbeitete Türflügel. Er ist auf seiner ganzen Fläche mit schmückenden schmiedeeisernen Beschlägen bedeckt. Ein Dorfschmied wird diese Verzierungen geschaffen haben, die symbolträchtig sind. Rad-, Bogen- und Hufeisenform offenbaren sich als Heils- und Schutzzeichen. Das Tor selbst schützt heute ein kleines Vorhaus. Im Inneren beherbergt die 1722 erneuerte Kirche einen spätgo-

tischen Schnitzaltar eines unbekannten Meisters aus der Zeit um 1480.
Eine kulturhistorische Kostbarkeit bewahrt die kleine Kirche in Irfersgrün: ein Bornkinnel. Es handelt sich um eine nackte, aufrecht stehende Jesuskindfigur mit einer Weltkugel in der linken Hand, während die rechte segnend erhoben ist. Das Bornkinnel stellt eine Weiterentwicklung des Krippenkindes dar. Daran erinnert der Name: Mit „Barn", im Erzgebirge und Vogtland lautlich zu „Born" gewandelt, bezeichnete man im Mittelalter die Krippe. Im vorreformatorischen Vogtland wurden Bornkinnelfiguren durch Kinder von Haus zu Haus getragen, die sich durch Sprüche, Lieder und theatralische Szenen kleine Gaben erheischten. Obwohl diese Umzugsspiele durch die Reformation abgeschafft wurden, blühte der Bornkinnelbrauch im erzgebirgisch-vogtländischen Raum erst in der Barockzeit. Der Einfluß des Prager Jesuskindes dürfte in den zu Böhmen grenznahen sächsischen Landschaften unverkennbar sein. Mit der Aufklärung verschwanden die kirchlichen Bornkinnelfiguren, und erst 1921 holte man das Irfersgrüner Jesulein wieder hervor, das als eine Arbeit des Schneeberger Bildschnitzers Johann Petzold d. Ä. aus der Zeit um 1640/50 erkannt wurde.
In der von einem Dachreiter gezierten Kirche in Röthenbach ist ein Flügelaltar des bedeutendsten spätgotischen Bildschnitzers Westsachsens, des Zwickauers Peter Breuer, aus dem Jahre 1516 zu sehen.
Ein spätgotischer Altar steht auch in der 1861 als Neubau errichteten Kirche in Plohn. Vor der Kirche, zu beiden Seiten des Portals, befinden sich außerdem zwei Rokoko-Epitaphien.

Andreas Raithel, Reichenbach

Heimatmuseum Lengenfeld

Wer als Gast in die fast 7000 Einwohner zählende Stadt Lengenfeld im Vogtland kommt, sollte das Heimatmuseum in der Otto-Nuschke-Straße 57, ca. 5 Minuten vom Rathaus entfernt, besuchen. Dieses Museum befindet sich in einem der ältesten und interessantsten Gebäude von Lengenfeld, mit Kreuzgewölben, Bohlenwand, Fachwerk, geteilter Haustür, Laubengang, Schwarzer Küche und Kratzputzornamenten. 14 Räume können besichtigt werden, die eine große Fülle alter und wertvoller Gegenstände bewahren. Das 1955 gegründete Museum erfreut sich bei vielen Lengenfelder Bewohnern besonderer Beliebtheit, so ist es eine erfreuliche Tatsache, daß Bürger dieses Städtchens „ihrem" Museum gut erhaltene alte Dinge als Geschenk übergeben.
Zu den eifrigen Bewahrern und Kennern der alten Dinge gehört u. a. der ehemalige Lehrer Hermann Gerisch. Er hat seinen 80. Geburtstag schon gefeiert, aber seine geistige und körperliche Regsamkeit erfordert wohl jedem Respekt ab. Gern kommen Schulklassen zu ihm ins Museum, und dann kann er über den Nutzen der vielen alten Dinge sehr lebendig erzählen und zeigt ihnen so manches aus der Vergangenheit, aber er findet auch die richtigen und guten Worte zur Gegenwart.

Horst Becher, Reichenbach

Stadt Treuen – inmitten des Vogtlandes

Treuens geografisch reizvolles Panorama läßt sich erst so recht überblicken, wenn der Besucher oder auch Einheimische aus dem fahrenden Eisenbahnzug der Strecke Herlasgrün – Falkenstein schaut, an der Treuen mit seinem Bahnhof liegt. Zwischen ihm und der Station Eich, besonders in der Nähe des Perlaser Aussichtsturms, eröffnet sich ein weiter, freier Blick nach Osten und Süden in Richtung des oberen Göltzschtales und der Höhen des Westerzgebirges. Im Talkessel des Treuener Wassers, aber auch Treuenbach oder Treba genannt, erblickt er bis 70 m tief unten die Stadt, die sich hauptsächlich an seinen nordwestlichen Prallhang anlehnt. Von Perlaser Höhe und Bahndamm senkt sich ein Bächlein im Wiesengrund bis zur Mündung in das größere Gewässer zum südwestlichen Ortsende. Dieser Höhenunterschied umfaßt in Wirklichkeit eine Fülle hochinteressanter und auch aktueller Bezüge zu Geschichte, Volkskunde, Wirtschaft und Natur dieser zentralvogtländischen Siedlung.
So war Treuen stets ein handelsoffener Markt ohne Stadtmauer und Türme geblieben. Sein altes Zentrum lag wohl irgendwo zwischen Kirche und dem heute meist verrohrten Krötenbach. Erst die beiden großen Stadtbrände von 1806 und 1846 gaben der Stadt die Möglichkeiten einer großzügigeren Gestaltung, nachdem fast die gesamte alte Bausubstanz vernichtet war. Dadurch wurden Marktplatz und Rathaus höher hinauf verlegt. Die Traditionen einer Weberstadt galt es nun wiederherzustellen und zu erhalten. Das gelang indirekt durch den Anschluß Treuens an den Eisenbahnverkehr 1865. Vom Bahnhof aus, der 1876 erbaut wurde, erfolgte die Versorgung der Handweber und mechanischen Webereien zur Herstellung speziell der bekannten Treuener (Kopf-) Tücher. Damit blieben auch die einstöckigen Weberhäuschen zum Beispiel in der Neuen Gasse in altem Glanz erhalten.
Zeichen dieses Aufblühens demonstrieren noch heute das Postamt (1892), die Lessingschule (1904), der Perlaser Aussichtsturm 1907, Pawlowschule und Rathaus mit Stadtwappen (beide 1914), aber alle im Stile des Historismus erbaut. Zwölf Dörfer der Umgebung gehören auch heute noch zur Kirchfahrt Treuen. Ihr Zentrum ist die Stadtkirche St. Bartholomäus, deren drei halbierte Emporen am neoklassizistischen Altar mit seinen vier korinthischen Säulen in ungewöhnlicher Harmonie zusammentreffen und dem Gebäude historische Bedeutung verleihen.

Karl-Heinz Zierdt, Elsterberg

Im größten Neubaugebiet der Kreisstadt Reichenbach haben fast 3000 Familien ihr Zuhause.

Kirche St. Marien, erbaut 1927, daneben ein imposanter Klinkerbau

Mödlareuth – die Geschichte eines geteilten Dorfes

Zwei Kilometer nordöstlich der Stelle, wo die Bundesstraße 2 nördlich von Töpen die bayerische Grenze überschreitet, liegt im stillen Tannenbachgrund das Dorf Mödlareuth. Der Ort bestand seit jeher aus einem bayerischen und einem thüringischen, besser gesagt reußischen Teil, doch wurden die Bewohner die Verwaltungsgrenze kaum gewahr. Man trank gemeinsam sein Bier im Wirtshaus diesseits des Baches, der die Grenze bildete, während die Kinder beider Ortsteile gemeinsam die Schule drüben besuchten. Man ging nach Töpen zur Kirche und fand dort auf dem Friedhof die letzte Ruhestätte. Die bemoosten Grenzsteine – bald mit „KB" = Königreich Bayern, bald mit „FR" = Fürstentum Reuß gekennzeichnet, störten niemanden, wenn auch die Herrschaften zuweilen über die Gerichtsbarkeit oder über den Verlauf der alten Poststraße stritten.

Am Ende des zweiten Weltkrieges besetzte die sowjetische Armee ganz Mödlareuth und errichtete im bayerischen Teil ihre Ortskommandantur. Erst auf Drängen der US-Armee zogen sich die Sowjets im Frühjahr 1946 auf die vereinbarte Demarkationslinie zurück. Die sogenannten kleinen Grenzüberschreitungsscheine erlaubten eine weitere Bewirtschaftung der auf thüringischem Gebiet liegenden Grundstücke, ebenso konnten zwei Arbeiter aus Mödlareuth-West ihrer Beschäftigung in der Lederfabrik Hirschberg und in der Spinnerei Gefell nachgehen. Im Jahre 1948 wurde wegen angeblichen Lehrermangels die Schule im Ostteil des Dorfes geschlossen, die Kinder aus dem bayerischen Teil mußten nun die Volksschule Töpen besuchen. Drüben begann die kasernierte „Deutsche Grenzpolizei" mit der Grenzkontrolle, auf westlicher Seite übernahm die bayerische Grenzpolizei die Aufgabe der Überwachung.

Mit der Errichtung einer zwei Meter hohen Bretterwand und ersten Zwangsevakuierungen aus dem Ostteil des Dorfes begann dessen hermetische Abriegelung. Rund 35 Bewohner von Mödlareuth-Ost flohen nach Bayern, bevor sämtliche Kontakte ein jähes Ende fanden. Der „obere Müller" konnte, als Beamte sein Haus betraten, durch ein Fenster im rückwärtigen Teil seines direkt auf der Grenzlinie stehenden Anwesens entkommen.

Es folgten weitere Verschärfungen im August 1958. Ein zweireihiger Stacheldrahtzaun ersetzte die Bretterwand, und 1962 entstanden zwei weitere Stacheldrahtzäune mit Betonpfosten. Erneut wurden Zwangsevakuierungen vorgenommen. Im Jahre 1965 mußte die Stacheldrahtkombination einer Sperre aus Betonplatten, Holzwänden und Balkenrosten weichen. Diese mit Eisenhaken auf der Krone versehene Anlage stand aber nur bis April 1966. DDR-Grenzsoldaten begannen mit dem Bau einer Betonsperrmauer – 700 m lang mitten durch das Dorf, etwa 3,30 m hoch, mit aufgesetzten Rohren aus Leichtbeton und einem Beobachtungsstand.

Ein jenseits der Mauer errichteter Metallgitterzaun, dessen Aufsatz unter Schwachstrom stand, und ein 11 m hoher Beobachtungsturm in der Ortsmitte ergänzten das schreckliche Bild der Spaltung eines Dorfes und seiner Menschen. Nachts leuchtete eine Lichtstraße die gesamte Sperrmauer ab, wo sie endete, war der Metallgitterzaun mit Selbstschußanlagen bestückt.

So wurde Mödlareuth zu einem geradezu unheimlich wirkenden Symbol der Teilung Deutschlands. Nur noch 19 von einst 100 Bewohnern des bayerischen Teils lebten in ihrem Heimatort, drüben war die Einwohnerzahl von 150 auf 20 gesunken. Ein Achtzigjähriger saß stets neben dem Eingang des ehemaligen Gutshofes und starrte unverwandt nach drüben, wo er einst seinen Waldbesitz am Rande einer uralten Rodungsinsel hatte. Das verzweifelt Unabänderliche schwang jedesmal in der kargen Rede des Alten mit.

Am 17. Juni 1990 feierte man gemeinsam den Abbruch der Mauer. Was vorher in vielen Jahrhunderten vereint war, hatte wieder zusammengefunden. Heute ist die Gemeinde Töpen dabei, die unmenschlichen, stummen Zeugen der Teilung als Gedenk- und Mahnstätte für künftige Generationen zu erhalten.

Otto Knopf, Helmbrechts

Perestroika heißt Umbau – Grenze und Mauer fallen

„Ständig wurde von uns eine Weltanschauung verlangt, aber wir durften die Welt nicht anschauen", so erinnert sich der Schauspieler Manfred Krug an sein Leben in der ehemaligen DDR. So war es. Wir durften nur anschauen, was die SED gestattete: Leningrad, Sachsen, Mecklenburg, das DDR-Fernsehprogramm, Ungarn, Bulgarien, die Tschechoslowakei, den dunklen Teil von Berlin und unser Thüringen – ein kleines Stück nur von Europa.

In einem ungarischen Bierkeller fragt 1980 ein Student: „Kommt ihr aus der Deutschen Demokratischen Republik?" Wir lachen, aber noch hat er recht. Immer größer werden die Probleme in unserer Republik, die in Wirklichkeit eine Diktatur ist. Probleme drängen zur Lösung. Die achtziger Jahre bringen sie. Als 1985 Michael Gorbatschow an die Macht kommt, bläst ein frischer Wind in den Moskauer Muff. Die ostdeutsche Regierung bekommt das große Erschrecken über Perestroika-Gedanken, die nun auch schon bei uns laut werden.

In Berlin auf der Liebknecht-Luxemburg-Demonstration taucht das Zitat auf: „Demokratie ist die Freiheit der Andersdenkenden." Da ist der Zündstoff gegeben, und auch mancher Thüringer macht sich schon Gedanken, was er wohl auf ein Transparent schreiben könnte, und erschrickt dann wieder vor seiner eigenen Courage. Aber die aufmüpfige Stimmung ist nun schon unter uns, sie läßt sich nicht mehr

Der Hirschsprung über dem Höllental ist Ziel vieler Wanderer und Spaziergänger. Eine sagenhafte Aussicht belohnt den teilweise mühevollen Aufstieg.

Das Brunnenhaus des Höllensprudels in Hölle: ein Trinkspaß aus 262 m Tiefe – gratis

Sonntägliche Dorfidylle in Issigau, am Ostrand des Frankenwaldes gelegen ▷

unterdrücken. Vorbei ist es mit der ausweglosen Resignation. In Leipzig finden jeden Montag Friedensgebete statt. In der Nikolaikirche und bei anschließenden Demonstrationen stärken sich die Unzufriedenen gegenseitig. Kirchliche Jugend mit ökologischem Engagement ist dabei. Eine ihrer Forderungen lautet: „Wir wollen saubere Flüsse, keine schwarzen Kanäle." Der Kommentator Karl Eduard von Schnitzler hatte seine Hetzsendungen „Der schwarze Kanal" genannt. Nun wird jahrzehntelanger geistiger Bevormundung ein Ende gemacht. Einige verlangen: „Schnitzler in den Tagebau oder in die Muppet-Schau!"

Als im Mai 1989 die Grenzbefestigungen zwischen Ungarn und Österreich fallen, gibt es kein Halten mehr. Viele unserer Landsleute fliehen. Sie verlassen dieses unterjochte Land und wollen lieber alles aufgeben als noch länger in der Unzufriedenheit leben. Im Juni wird in China auf dem „Platz des Himmlischen Friedens" – was für eine Blasphemie – die demokratische Studentenbewegung blutig niedergeschlagen. Am Europatag in Sopron (Ungarn) gibt es die größte Massenflucht von Bürgern aus dem Ostteil unseres Vaterlandes seit dem Tag des Mauerbaus in Berlin am 13. August 1961; ein Tor in der ungarisch-österreichischen Grenze wird plötzlich einen Spalt breit geöffnet, da brechen viele, die auf so etwas nur gewartet hatten, durch in die Freiheit. Danach reißt der Flüchtlingsstrom nicht mehr ab. Als die Züge mit den Deutschen, die in die Botschaften von Prag, Warschau und Budapest geflohen waren, bei Nacht durch Sachsen, Thüringen, Sachsen-Anhalt, Vorpommern und Brandenburg in Richtung Westen fahren, da stehen Polizei und Militär an der Strecke und an den Bahnhöfen. Die aufspringen wollen, werden festgenommen, und das sind viele.

Am 2. Oktober 1989 steht im Parteiblatt der SED zu lesen: „In den Kämpfen unsrer Zeit stehen DDR und China Seite an Seite." Da wissen wir, wie ernst die Lage ist. Angst greift um sich. Der Minister für Staatssicherheit, Armeegeneral Erich Mielke, droht: „Gegner der DDR werden scheitern." Nach solcher Warnung gehört großer Mut dazu, öffentlich Transparente durch die Stadt zu tragen mit dem Text „Die DDR gehört dem Volk", „Wir sind das Volk" oder „Die Demokratie in ihrem Lauf hält weder Ochs noch Esel auf". Hier wird Honecker zitiert, der dies vom Sozialismus behauptet hatte.

Die Genossen feiern noch, wenn auch schon verunsichert, den 40. Jahrestag der DDR, aber dann geht alles sehr schnell, man könnte sagen Schlag auf Schlag, wenn nicht gerade die Gewaltlosigkeit das Besondere wäre.

Auf Messers Schneide steht es, als am 9. Oktober bei den Demonstrationen in Dresden und Leipzig die Uniformierten in Waffen auf den Schießbefehl warten, der die chinesische Lösung bringen soll. Außer Verhaftungen und gemeinen Verhören geht jedoch alles friedlich ab.

Die Kerze wird zum Symbol der Gewaltlosigkeit. Schon oft hatten sie die Demonstranten entzündet. Die kleine heiße Flamme stand gegen das große kalte Regime. Immer wieder brannte sie zum Ärger der Regierenden in den Fenstern der Andersdenkenden, an Straßenrändern, Gedenkstätten und auf den Zäunen der Staatssicherheitseinrichtungen. In den Händen der Menschen demonstriert sie friedliche Absicht: Eine Hand hält die Kerze, die andere muß die Flamme vor Wind schützen. Da ist keine Hand mehr zum Waffenführen oder Zuschlagen. Rufe und Losungen der Demonstranten werden laut: „Wir sind das Volk!", „Demokratie – jetzt oder nie!" Gegen Egon Krenz, den Verantwortlichen für den Wahlbetrug vom Mai, richtet sich der gerechte Zorn: „Lügen haben kurze Beine, Egon, zeig, wie lang sind deine!" – „Reformen mit Hager sind uns zu mager", heißt es nach dem vergeblichen Versuch, die Kulturschaffenden zu besänftigen. Wir Thüringer nehmen nun auch den Pinsel zur Hand, Naturschützer äußern sich: „Kein Artenschutz für Wendehälse." – „Visafrei bis Shanghai!" – In dieser Forderung gipfelt das Verlangen junger Bürger, die lebenslang hinter Mauer und Stacheldraht eingeschlossen waren.

„Besser, die Regierung geht, als das ganze Volk", so hatte einer auf sein Transparent geschrieben. Die Regierung ist gegangen und nicht das ganze Volk. Wir Hierbleiber haben nun den Weg in die Demokratie vor uns. Es wird nicht leicht sein, ihn zu gehen, aber er führt uns bergauf. Perestroika, der Umbau, beginnt. An die Arbeit, gemeinsam schaffen wir es!

Herta Lippold, Breitungen

Der Ostrand des Frankenwaldes

Die Weitläufigkeit der Landschaft ist das besondere Merkmal des östlichen Frankenwaldes und des bayerischen Vogtlandes. Immer wieder tritt der Wanderer aus düsterem Fichtenwald und hat ausgedehnte, wellenförmige Fluren vor sich, in denen Dörfer mit alten, stattlichen Gutshöfen, zuweilen auch Schlösser auf felsigen Bergkuppen stehen. Hat doch der vogtländische Landadel in diesem Raum derart üppige Blüten getrieben, daß fast in jedem Dorf irgend eine Linie derer von -itz, -itzsch, -witz oder -stein festzustellen ist. Was sich hier in kleinen Geschlechterfolgen abspielte, schoß einst drüben im thüringischen Reußenland gar mächtig ins Kraut – eine Karte aus dem Jahr 1680 zeigt dort nicht weniger als 16 selbständige Kleinstaaten!

Ein kurzer Streifzug von West nach Ost soll besonders markante Gegenden und Orte des bayerischen Vogtlandes vorstellen:

Der Unterlauf der Selbitz, einst die Nordwestgrenze des Regnitzlandes, bildet als „Höllental" ein reizvolles Wandergebiet. Hier hat sich das Flüßchen im Verlauf von Jahrmillionen einen 200 m tiefen Weg durch das Diabasgestein gebahnt, das in steilen Felswänden, von Mischwald und einer interessanten Flora be-

lebt, zu beiden Seiten des Tales aufsteigt. Ein Naturlehrpfad beschreibt die Schönheiten der Natur und die Spuren des einstmals regen Bergbaues, der durch Alexander von Humboldt zu einer letzten Blüte gebracht wurde.
Naila, einst Sitz eines Bergamtes, ist von ausgedehnten Wäldern umgeben. Um die Mitte des 15. Jahrhunderts ließen die Kupfer- und Eisenerzgruben der Umgebung den Ort „Neylen", was als „neue kleine Ansiedlung" gedeutet wird, rasch emporkommen. Vorüber sind die Zeiten, da man 233 Bergwerke und 400 Bergleute zählte, verjährt sind die Herrschaftsansprüche der Wildensteiner, Dobenecker, der Herren von der Grün, der Reitzensteiner, Wirsberger, des Bischofs von Bamberg und der Markgrafen von Kulmbach-Bayreuth. Die ehemalige Kreisstadt ist heute ein bedeutendes Wirtschaftszentrum für Maschinenbau, Porzellan, Leder, Catgut, Textilien und Bekleidung. Es beherbergt neben anderen weiterführenden Schulen die Staatliche Fachschule für Bekleidungsindustrie. Ein gut eingerichtetes Heimatmuseum dokumentiert den Aufstieg der gewerbefleißigen Stadt, die im 19. Jahrhundert durch die Gründung von Schuhfabriken, angeregt von einem sächsischen Unternehmer, den Anschluß an das Industriezeitalter gewann.
Als beliebter Aussichtspunkt erhebt sich bei **Leupoldsgrün** der „Hohe Stein", eine 640 m hoch gelegene Felskuppe, die in einem herrlichen Panorama Frankenwald und Fichtelgebirge erfassen läßt. Mittelpunkt des Dorfes ist die alte Pfarrkirche; an ihrer Südwand befindet sich ein fast lebensgroßes Kruzifixus des Hofer Künstlers Johann Nikolaus Knoll.
Konradsreuth entstand im späten Mittelalter um eine Turmhügelbefestigung mit weit umlaufendem Wassergraben. Bereits 1266 wird ein Ulricus de Conradsrute genannt, dessen Nachkommen um 1441 von Kaiser Friedrich III. die Hochgerichtsbarkeit verliehen bekamen. Das Schloß stammt in seinem Kern aus dem 16. Jahrhundert, die Pfarrkirche ging aus einer Kapelle hervor, die im Mittelalter zu St. Lorenz in Hof gehörte. Durch Webwarenfabrikation und eine Spedition hat Konradsreuth seinen wirtschaftlichen Aufschwung genommen.
Die bemerkenswerte Dorfkirche in **Issigau** ist mit dem Schreinaltar der Reitzensteiner St. Wolfgangskapelle ausgestattet. Bis 1688 hatten das Rittergut die Reitzensteiner inne, ein im Nordwald sehr weitverzweigtes Geschlecht. Issigau liegt in einem ehemaligen Bergbaugebiet. In einer nahegelegenen Grube wurden monatlich bis zu 1000 Tonnen Flußspat abgebaut; heute erinnert nur noch die Bergmannskapelle an jene Zeiten.
In unmittelbarer Nähe finden wir den Ort **Reitzenstein**, eingebettet in riesige Baumkronen. Vermutlich schon im zweiten Drittel des 12. Jahrhunderts legten Dienstmannen der nordbayerischen Markgrafen von Giengen-Vohburg auf der Felskuppe westlich des jetzigen Schlosses die erste Befestigung an. Die Burg hatte einen 50 m hohen Turm mit zehn Fuß dicken Mauern und widerstand 1430 dem Hussitenansturm. In den Jahren 1740 bis 1765 erstand der Neubau des Schlosses.
Wo sich heute das landwirtschaftlich geprägte **Köditz** im weiten, freundlichen Göstratal ausbreitet, kreuzten sich im frühen Mittelalter zwei Altstraßen nach Böhmen und Sachsen. An dieser Stelle entstand auf einem Schieferfelsen ein Vorwerk der Murring. Ein Wassergraben mit Außenwall schützte die Anlage. Im Jahre 1402 brandschatzten die Vögte von Weida das Dorf, das in der Folgezeit oft seine Lehensherren wechselte. Die von Bauern inmitten des Grabens gestiftete Kapelle des St. Leonhard erstand nach ihrer Zerstörung im Jahre 1632 wieder als Wehrkirche im „Kirchenwall", über den eine Torbrücke führte.
Auf weitblickender Höhe erhebt sich **Berg**, dessen Pfarrkirche um 1320 ähnlich wie Hof eine Mutterkirche war für zahlreiche Dörfer des wald- und wiesenreichen Berger Winkels bis hinein in das Thüringische. Noch im 19. Jahrhundert predigte der Pfarrer von Berg allsonntäglich in der Kirche des reußischen Sparnberg. Die einstige Berger Wehrkirche St. Jakobus trägt mit ihrem rundbogigen Torturm noch den Charakter des Trutzhaften. Das Innere des Gotteshauses ist reich an Skulpturen aus den berühmten Hofer Werkstätten von Nikolaus und Adam Knoll. Berg war im 16. und 18. Jahrhundert Zentrum eines regen Bergbaues auf Eisenerz. Die Stollen wurden selbst unter den Häusern fortgeführt.
Bei **Unterkotzau** überquerten einst zwei Furten die Saale, deshalb wundert es nicht, daß im Schutt des Ufers wiederholt vor- und frühgeschichtliche Funde gemacht wurden. Heute vermittelt eine Wanderung durch das vielfach gewundene Saaletal reizvolle Erlebnisse. Bei Saalenstein treten die Hänge näher zusammen, überspannt von einer imposanten Autobahnbrücke. Bronzefunde und Spuren eines doppelten Ringwalles weisen darauf hin, daß hier ein Kastell über der schroff abfallenden Talwand stand. Sein Vorwerk bildete die Fattigsmühle, heute ein schmucker Fachwerkbau.
Der Auensee bei Jean Pauls Jugendheimat **Joditz** belebt sich in den Sommermonaten mit vielen Erholungsuchenden. Am Pfarrhaus von Joditz erinnert eine Tafel an den großen Erzähler. Ein Besuch im kleinen, ehrwürdigen Gotteshaus ist schon wegen des von Nikolaus Knoll geschaffenen Altars und der Kanzel zu empfehlen. Ein kurzer Anstieg zur Birkenleite eröffnet einen unvergeßlichen Blick auf die große Saaleschleife und das beschaulich gelegene Joditz.
Nur wenige Kilometer flußabwärts grüßt die Lamitzmühle. In ihrer Nähe bilden die steil aufragenden Quarzitfelsen unter dem Namen „Petersgrat" eine romantische Uferpartie. Nun wird die Saale Grenzfluß, an dessen Ufer in **Tiefengrün** die geschichtsträchtige Kühnmühle und die große Lederfabrik von Hirschberg eng aneinanderrücken.
Ein weiteres romantisches Gegenüber stellen Schloß **Rudolphstein** nahe des einstigen Übergangs zur ehemaligen DDR und das reußische Sparnberg dar, das sich bei einem

Grenzland war er schon immer, der Frankenwald. Bei Tettau bezeugen die alten Wappensteine die Grenze zu Thüringen.

Grafengehaig mit seiner Wehrkirche ist Ausgangsort herrlicher Wanderstrecken.

Bilder vergangener Zeiten: hinterm deutsch-deutschen Grenzzaun die Lederfabrik Hirschberg-Untertiefengrün

Grenzkontrollstelle Hirschberg an der Autobahn A 9 Nürnberg – Berlin

Mödlareuth, das geteilte Dorf: Wo vor kurzem noch gepanzerte Militärfahrzeuge patrouillierten, grasen jetzt friedlich die Schafe.

Saaleknick an die vorspringenden Felsen schmiegt.
Östlich der Saale liegt das 700 Jahre alte **Töpen**, das schon im 14. Jahrhundert eine nach Gefell gehörende Kapelle besaß. Von hier aus ist es nicht weit nach **Mödlareuth,** das jahrzehntelang durch eine Mauer in zwei Teile getrennt war – ein bedrückendes Dokument der jüngsten deutsch-deutschen Geschichte.
In **Feilitzsch** kündet der Name der modernen Volksschule „Bayerisches Vogtland" von der Herrschaft vogtländischer Adelsgeschlechter, die in den Schlössern von Feilitzsch und Zedtwitz Zeugen ihrer Macht und ihres Ansehens besaßen. Auch **Trogen** mit dem alten Gutsbesitz derer von Feilitzsch und seiner hellen Saalkirche im Markgrafenstil war Teil des Regnitzlandes.
Im Süden und Osten des alten „Rekkenze" (Hof) finden wir genügend Zeugen vogtländischer Vergangenheit. Wahrzeichen der modernen Wohngemeinde **Döhlau** sind Schloß und Kirche, ursprünglich Gründungen der Rabensteiner Ritter aus altvogtländischem Uradel. Der heutige Verkehrsknoten **Oberkotzau** weckt mit seinem 1852 wiedererrichteten Schloß Erinnerungen an die mächtigen Herren von Kotzau, die schon im 12. Jahrhundert beurkundet wurden. Das langgestreckte Schönburgsche Schloß im Stadtkern von **Schwarzenbach an der Saale**, mit feinem Stilgefühl zum Rathaus umgebaut, entstand auf Turmhügelresten an der Saalefurt.
Inmitten grüner, weitgeschwungener Fluren liegt die Gemeinde **Gattendorf**, bestehend aus Neugattendorf, Kirchgattendorf und Schloßgattendorf. Das ehemalige Schloß, die alte Burgruine und die ehrwürdige Pfarrkirche mit unverkennbaren Zügen einer einstigen Wehrkirche bilden zusammen mit dem großen Vierseithof der Herren von Waldenfels in **Gumpertsreuth** eine echt vogtländische Einheit. Fasziniert in der Kirche von **Regnitzlosau** vor allem die Kassettendecke mit reichen Malereien, so beeindruckt in der großen gotischen Hallenkirche von **Pilgramsreuth** die mächtige Gestalt des Moses als Kanzelträger neben gut erhaltenen Fresken aus der Zeit um 1300.
Schließlich präsentiert sich die frühere Kreisstadt **Rehau** als „Industrieort im Grünen" nahe des riesigen Waldgebiets an der böhmischen Grenze. Da Rehau nie durch Mauern und Tore geschützt war, mußte es viel Drangsal erleiden. Heute überrascht den Besucher die großzügige, regelmäßige Neuanlage des Marktplatzes. Die Leder- und Porzellanindustrie brachten einen großen wirtschaftlichen Aufschwung mit sich; gegenwärtig spielt die Kunststoffindustrie eine dominierende Rolle. Moderne Schulen, vorbildliche Sport- und Freizeitanlagen sowie soziale Einrichtungen erhöhen den Wert dieser Wohn- und Industriegemeinde, die durch die Nähe der nunmehr offenen böhmischen Grenze neue Aktivitäten entwickeln wird.
Bayerisches Vogtland – Land wechselvoller Geschichte, Land der Straßen und fruchtbaren Begegnungen, aber auch der Grenzen und der notvollen Trennung, erblühend in den Epochen friedlichen Handels und Wandels, schwer geprüft zu Zeiten der Mauern und Zäune – heute mehr denn je Land des Aufbruchs und der Verständigung im Herzen Europas.

Otto Knopf, Helmbrechts

Stadt Hof

Politisches Werden

Man braucht schon viel Phantasie, um sich das „Raubnest" vorzustellen, das auf dem Klausenberg gestanden haben und mit dessen Zerstörung am Ende des 11. Jahrhunderts die Entstehung der Stadt Hof eingeleitet worden sein soll. So will es jedenfalls der Magister und Gymnasialrektor Enoch Widman, auf dessen Stadtchronik aus dem 16. Jahrhundert wir immer noch zurückgreifen müssen. Trotz mancher Zweifel ist die historische Forschung geneigt, in wesentlichen Punkten dem Chronisten zuzustimmen: Im Zuge der Christianisierung und des Landesausbaus überschritten im 11. Jahrhundert Siedler aus Mainfranken den Kamm des „Nordwaldes" (Frankenwald) und ließen sich im Tal der oberen Saale nieder. Gesteuert wurde die Erschließung des Landes zwischen Frankenwald und Fichtelgebirge durch die um 1080 errichtete Urpfarrei St. Lorenz auf dem Klausenberg und einen in unmittelbarer Nähe liegenden – höchstwahrscheinlich königlichen – Hof. Er sollte der späteren Stadt den Namen geben. Nicht minder bedeutend war die Großpfarrei St. Lorenz, die hinsichtlich ihres Vermögens an vierter Stelle im Bistum Bamberg lag und deren Sprengel im Westen über den Hauptkamm des Frankenwaldes, im Norden und Osten sogar nach Thüringen und Sachsen und in die heutige CSFR reichte.
Unter der Herrschaft der Andechs-Meranier, deren Machtzentrum am Obermain lag, erfolgte um 1230 die eigentliche Gründung der Stadt Hof. Zu diesem Zweck legten die Vögte von Weida neben der älteren Dorf- und Marktsiedlung eine Neustadt an, deren planmäßige Gestalt heute noch gut im Straßenbild zu erkennen ist. Ausgestattet wurde die Stadt mit allem, was damals dazugehörte: zwei Klöstern (Franziskaner und Klarissen), einem großen Hospital und einem (Amts-)Schloß. Den Vögten ist es zu verdanken, daß die Stadt Hof in

engere Beziehungen zum mitteldeutschen Raum trat und ihr Stadtrecht von 1319 dem Magdeburger Rechtskreis entlehnt wurde. Allerdings verkauften die Vögte bereits 1373 die Stadt Hof und ihr Umland für 8100 Freiberger Groschen an die Burggrafen von Nürnberg und späteren Markgrafen von Brandenburg, noch ehe sich der Name „Vogtland" richtig eingebürgert hatte. Als „Hauptstadt" mit Sitz eines markgräflichen Landeshauptmannes gehörte Hof über 400 Jahre zu den fränkischen Fürstentümern der Hohenzollern. Als der letzte Markgraf Karl Alexander 1791 abdankte, wechselten die Besitzer der Stadt in rascher Reihenfolge: Zuerst zogen die Preußen ein, dann – nach deren Niederwerfung durch Napoleon – die Franzosen, und schließlich wurde Hof 1810 bayerisch.

Industriestadt

Sieht man von den zahlreichen Stadtbränden und manchem Kriegsleid ab – herausragende Ereignisse waren 1430 der Hussiteneinfall und die große Belagerung im Markgräflerkrieg 1553 –, so verlief die Geschichte der Stadt Hof bis dahin eher undramatisch und in zeittypischen Bahnen. Früh entwickelte sich die Saalestadt zu einem bedeutenden Textilzentrum, dessen Schleier und Baumwolltücher um 1700 bis Frankreich, Italien und in die Schweiz exportiert wurden und damit einen bescheidenen Wohlstand in die Stadt brachten.
Der wirtschaftliche Durchbruch gelang Hof allerdings erst 1848 mit der Eröffnung der ersten großen bayerischen Staatseisenbahn, der Ludwig-Süd-Nord-Bahn, und ihrem Anschluß an die königlich-sächsische Eisenbahn. Binnen weniger Jahrzehnte stieg die Zahl der Spindeln von 20 000 auf über 440 000 und die der Webstühle von 200 auf über 4000. In Scharen zogen die nicht mehr konkurrenzfähigen Heimweber des Frankenwaldes nach Hof und trugen dazu bei, daß sich die Bevölkerung des „bayerischen Manchester" bis zum ersten Weltkrieg verfünffachte. Zur Erschließung des östlichen Frankenwaldes trug die in den achtziger Jahren erbaute Lokalbahn nach Naila mit Abzweigungen nach Bad Steben, Schwarzenbach am Wald und Blankenstein nicht wenig bei.
Die einseitige Ausrichtung auf die Textilindustrie wirkte sich nicht immer zum Segen für die Stadt aus. Wirtschaftskrisen und Weltkriege waren in ihren negativen wirtschaftlichen und sozialen Folgen früher zu spüren als anderswo. Der bedrohlichste Punkt war aber erreicht, als 1945 nur wenige Kilometer nördlich und östlich von Hof der „Eiserne Vorhang" niederging und die Stadt von den böhmischen und sächsischen Kohlerevieren, aber auch von ihren traditionellen Absatzmärkten trennte. Gleichzeitig schnellte die Einwohnerzahl durch den gewaltigen Zustrom von Flüchtlingen und Vertriebenen auf den Höchststand von weit über 60 000 Bewohnern hinauf, für die es aber kaum Arbeit und Brot gab.
Schmerzlich und langwierig war deshalb der Prozeß der Umorientierung Hofs nach Süden und Westen. Trotz jahrzehntelanger Abwanderung aus dem Grenzgebiet gelang schließlich der Umbau zu einer modernen, vielseitigen Industriestadt mit zahlreichen überregionalen Einrichtungen auf den Gebieten von Bildung und Kultur, Wirtschaft und Verwaltung. Mit diesen Investitionen waren – eher unbeabsichtigt – für die Saalestadt günstige Startpositionen in einem vereinten Deutschland geschaffen worden, die sich bereits bei der ersten großen Belastungsprobe nach Öffnung der Grenzen bewährt haben.

Stadtbild und Sehenswürdigkeiten

Dem Betrachter von außen präsentiert sich Hof heute als moderne Stadt mit großen Neubauvierteln und properen Fassaden, die nichts mehr von dem Ruß aus den Fabrikschloten der Gründerzeit erkennen lassen. Da die Saalestadt niemals Fürstenresidenz gewesen ist, fehlt freilich der „Glanz alter Zeiten". Die schon erwähnten Stadtbrände haben ein übriges dazu beigetragen, daß wertvolle Bausubstanz und Kulturgüter aus Mittelalter und früher Neuzeit aus dem Stadtbild verschwunden sind. Der Stadtkern ist daher noch deutlich geprägt von der industriellen Gründerzeit und bei genauerem Hinsehen durchaus reizvoll. Der Historismus des 19. Jahrhunderts ersetzt die fehlenden Bauten aus früheren Jahrhunderten durch überschwengliche Stilformen von der Neoromanik bis zum Neobarock. In diesem Sinn gleichen vor allem die Stadtviertel um den Hauptbahnhof und die Marienstraße einem Kompendium der Architekturgeschichte bis hin zum Jugendstil. Man achte auf die phantasievoll gestalteten Portal- und Fensterzonen, auf Lisenen, Kapitelle, Rocaillen, Göttermasken und vegetabilen Schmuck.
Ganz anders ist die historische Neustadt. Ihre Fassaden wurden nach dem letzten großen Brand von 1823 im klassizistisch-biedermeierlichen Stil erneuert und überdecken die noch aus dem Mittelalter stammende Grundstruktur der Straßenzüge. Noch in vorindustrieller Zeit entstanden, spiegeln sie in zurückhaltenderer Weise bürgerliches Selbstbewußtsein und bescheidenen Wohlstand; nur vereinzelt durchbricht originaler barocker Zierat die einheitliche Fassadengestaltung. Dank dieser Schöpfung geht von den Häusern der Ludwigstraße eine einzigartige Ensemblewirkung aus. Manchem Besucher mag dies zu wenig sein. Ihm empfehlen wir, die herausragenden kirchlichen und profanen Bauten aufzusuchen. Freilich gilt auch für sie, daß sich ihre architektonische und kunsthistorische Bedeutung nicht immer auf den ersten Blick erfassen läßt. Man sollte sich daher für die Besichtigung dieser Sehenswürdigkeiten unbedingt Zeit nehmen. Dies gilt beispielsweise für die äußerlich unscheinbare Hospitalkirche. Von Unglücken weitgehend verschont geblieben, bietet das Gotteshaus als einziges noch gediegene Sakralkunst aus heimischer Werkstatt. Ins Auge fallen vor allem die barocke Kassettendecke, die auf 90 Bildfeldern die biblische Geschichte erzählt, und der völlig unorthodox stehende

„Hof – in Bayern ganz oben" lautet der spitzbübische Werbespruch der Stadt. Heute liegt Hof wieder mitten in Deutschland, ist Schnittpunkt und Verbindung zwischen Sachsen, Thüringen, Böhmen und Franken.

Das erstklassig renovierte Wirtschaftsgebäude des Theresiensteins in Hof prangt im reinsten Jugendstil. Der Stadtpark Theresienstein in der Stadt an der Saale zählt zu den schönsten im Land; 1994 findet hier die bayerische Landesgartenschau statt.

gotische Schnitzaltar von 1511. Gleich nebenan im guterhaltenen Ensemble der Hospitalgebäude gibt das Museum „Bayerisches Vogtland“ mit sehenswerter historischer und naturkundlicher Abteilung einen kleinen Einblick in den Gewerbefleiß der Hofer Bürger.
Die Urzelle von Hof, die Lorenzkirche, wirkt durch ihre freie Lage auf kleiner Anhöhe. Dennoch steht sie größenmäßig im Schatten der neugotischen Marienkirche, und ihr Äußeres läßt nicht auf ihre zentrale Rolle für das Hofer Land bis zur Reformationszeit schließen. Befremdend mag auch die strenge Klassizität im Inneren mit dem Kanzelaltar wirken. Allein der seitlich angebrachte „Hertnid-Altar“ aus dem 15. Jahrhundert läßt uns die Bedeutung der Pfarrer von St. Lorenz erahnen: Unter dem Stifterpaar des Bamberger Domes, Kaiser Heinrich II. und seiner Gemahlin Kunigunde, tritt uns der Bamberger Domdekan Hertnid vom Stein entgegen, der sich als Pfarrer von St. Lorenz um den Kirchenbau in Hof große Verdienste erwarb. Ihm ist es letztlich zu verdanken, daß die ursprüngliche Michaeliskapelle im ausgehenden Mittelalter zu einer großen gotischen Hallenkirche ausgebaut wurde, die bald den Rang der Hauptkirche übernahm. Vom großen Stadtbrand 1823 ebenso wenig verschont wie das gegenüberliegende Renaissance-Rathaus des Baumeisters Nikol Hofmann aus Halle, mußten sich beide Gebäude manche historisierenden Umbauten gefallen lassen.
Was heute längst unter Denkmalschutz stehen würde, fiel ständigem Modernisierungsstreben und damit der Spitzhacke zum Opfer. Zu nennen ist vor allem die säkularisierte Klosterkirche, die 1901 einem Schulbau weichen mußte. Erhalten hat sich wenigstens das Sommerhaus der Franziskanermönche. Es dient dem Jean-Paul-Gymnasium, einer der ältesten Lateinschulen Bayerns, als Aula. Gerettet wurden größere Teile des angrenzenden Klarissenklosters durch umfangreiche Sanierungsmaßnahmen (1989 bis 1991).
Der stürmischen Stadtentwicklung weichen mußte der erste Hofer Bahnhof von 1848. Obwohl zu seiner Zeit großzügig bemessen, genügte er bald dem rapide wachsenden Verkehrsaufkommen nicht mehr. Die an seiner Stelle in den zwanziger Jahren unseres Jahrhunderts errichtete Stadtpost steht – ein Ergebnis unserer schnellebigen Zeit – nun ihrerseits unter Denkmalschutz. Vom einstigen Kopfbahnhof blieb allerdings noch die Einsteighalle erhalten. Trotz reduzierter Länge gleicht sie von außen immer noch einer stattlichen romanischen Basilika und birgt im Inneren eine ebenso meisterhafte wie anachronistisch wirkende Balkenkonstruktion. Nur 32 Jahre nach dem ersten Hofer Bahnhof entstand weit vor den Toren der damaligen Stadt der neue Hauptbahnhof. Seine gesamte Anlage zeugt von der rasanten industriellen und technischen Entwicklung des 19. Jahrhunderts, aber auch von dem gestiegenen Repräsentationsbewußtsein. Nicht zuletzt der eigens für Staatsempfänge geschaffene Königssalon gab der Stadt einen Hauch von dem sonst vermißten herrschaftlichen Glanz. Möglich, daß ein vierzigjähriger erzwungener Dornröschenschlaf dem nunmehr überdimensionierten Bahnhof nach dem zweiten Weltkrieg seine Kostbarkeiten erhielt; zu wünschen wäre es, wenn so mancher eilige Reisende Zeit fände, dieser Pracht einer vergangenen Epoche wenigstens einen Blick zu gönnen.
In dieser Hinsicht hat es ein bezauberndes Gebäude gut, das Wirtschaftsgebäude auf dem Theresienstein. Dieser liebevoll restaurierte Jugendstilbau lädt schon durch seine gastronomische Zweckbestimmung zum Verweilen ein. Und harmonisch fügt sich das Gebäude in die Landschaft, einen gepflegten bürgerlichen Park, ein, der 1994 den Kern der Bayerischen Landesgartenschau bilden wird. Auf der höchsten Anhöhe der Parkanlage finden wir schließlich das Labyrinth, eine künstliche Burgruine aus dem 19. Jahrhundert. Sie beherbergt sozusagen als letzten Zeugen einen echten Torbogen aus dem alten Hofer Schloß. Es war bereits in der Mitte des 18. Jahrhunderts einer Brandkatastrophe zum Opfer gefallen und nach dem Willen des Markgrafen, der alle Gelder für die Ausschmückung seiner Residenzstadt Bayreuth benötigte, nicht wieder aufgebaut worden.

Dr. Axel Herrmann, Hof

Hof hatte eine Straßenbahn

Wenn Sie heute in Hof durch die Ludwigstraße bummeln, können Sie sich kaum mehr vorstellen, daß hier über 21 Jahre lang eine Straßenbahn verkehrte, die das Rückgrat des damaligen Stadtverkehrs war. Darum soll ein kleiner Rückblick diese Bahn in die Erinnerung zurückrufen.
Da der zweite Hofer Bahnhof von 1880 weitab vom damaligen Stadtzentrum erbaut worden war, wurde eine Verkehrsverbindung erforderlich; man baute eine elektrische Straßenbahn, die am 5. August 1901 eröffnet wurde. Die eingleisige Linie führte über 3,12 km vom Bahnhof durch die Innenstadt bis zum Friedhof. 7 Triebwagen waren vorhanden, 5 davon ständig im Einsatz. Schaffner gab es nicht, das Fahrgeld in Höhe von 10 Pfennig mußte unter Aufsicht des Fahrers entrichtet werden.
Vorgesehene und gewünschte Erweiterungen des Streckennetzes kamen nicht zustande, auch kein Postverkehr. Nach dem ersten Weltkrieg kam die Betriebsleitung – der Betrieb wurde von Siemens geführt – zunehmend in Schwierigkeiten, Material zur Erneuerung von Gleisen und Wagen war nicht vorhanden, die Ausgaben überstiegen die Einnahmen. Selbst die Übernahme der Bahn durch die Stadt konnte das Verlustgeschäft nicht aufhalten. Die Inflation brachte dann für die Hofer Straßenbahn das Ende, so wie es auch bei vielen anderen deutschen Bahnen geschah. Am 14. November 1922 fuhr die letzte Straßenbahn durch Hof. Damit endete ein Kapital Hofer Verkehrsgeschichte ... oder

Markgräflich zeigt sich die Pfarrkirche von Geroldsgrün.

Eine Augenweide: der Kanzelaltar und Taufengel der Geroldsgrüner Kirche.

doch nicht ganz?
Am 9. November 1990 wurde im Beisein der beiden Oberbürgermeister aus Hof und Plauen ein Gelenkzug der Plauener Straßenbahn in Betrieb genommen, dessen äußere Gestaltung Werbung und Dank der Partnerstadt Hof verkörpert. Also doch wieder eine „Hofer Straßenbahn“!

Joachim Mensdorf, Plauen

Die Hofer Straßenbahn verkehrte vom 5. August 1901 bis 14. November 1922.

Hof – Knotenpunkt der ersten Staatseisenbahnlinien Sachsens und Bayerns

Der Alte Bahnhof in Hof, in dessen Gebäude heute das Städtische Feuerwehrdepot untergebracht ist, wurde am 1. November 1848 mit der Eröffnung des Streckenabschnitts von Neuenmarkt-Wirsberg nach Hof seiner Bestimmung übergeben. Nur zwanzig Tage später ist der Eisenbahnverkehr nach Plauen aufgenommen worden. Damit war der Sackbahnhof Hof in eine 237,63 km lange Eisenbahn von Nürnberg über Bamberg nach Plauen eingebunden. Als nach Fertigstellung der Göltzsch- und Elstertalbrücke die „Eisenbahnlücke" zwischen Plauen und Reichenbach geschlossen war, konnten ab 15. Juli 1851 die Züge von Hof in Richtung Norden bis Zwickau, Altenburg und Leipzig fahren. Der Bayerische Bahnhof der Messestadt ist heute der älteste, noch dem Zugverkehr dienende Kopfbahnhof der Welt (Eröffnung: 19.9.1842). In Richtung Süden waren 1849 Nürnberg und Donauwörth mit einem Schienenstrang verbunden worden (aber nicht wie heute über Treuchtlingen, sondern über Gunzenhausen – Nördlingen), so daß eine Eisenbahnfahrt von Hof über Augsburg nach München oder Kaufbeuren möglich wurde.

Nürnberg und Leipzig, die beiden bedeutenden Handelsstädte Bayerns und Sachsens, waren nicht zufällig Ausgangspunkte der ersten beiden Eisenbahnlinien Deutschlands (Nürnberg – Fürth: 7.12.1835; 6,04 km / Leipzig – Dresden: 7.4.1839; 115 km) gewesen. Um den bayerischen Teil der Verbindung beider Städte durch einen 353,74 km langen Schienenweg vorzubereiten, war schon 1836 eine Aktiengesellschaft gegründet worden, die 1838 die „Kgl. Concession" für den Bau bis zur Landesgrenze erhielt. Doch die Gesellschaft scheiterte an Finanz- und Terrainschwierigkeiten und gab noch in der Planungsphase auf, weil die Regierung einer Verlegung der Trasse über Coburg (damals noch Ausland!) nicht zustimmte. Die Überwindung der Stufe aus dem Maintal ins Fichtelgebirge, die durch den Bau der berühmten, 6 km langen, 158 m hohen „Schiefen Ebene" (Steigung 1:40) zwischen Neuenmarkt-Wirsberg und Marktschorgast realisiert wurde, erschien der Eisenbahn-AG damals als unlösbare Aufgabe. So kam es, daß 1840, als die private Eisenbahnverbindung München – Augsburg fertiggestellt war, König Ludwig I. beschloß, dem Beispiel des Herzogs von Braunschweig zu folgen und ein Staatseisenbahnnetz in Angriff zu nehmen. Das erste Projekt dieser Art wurde dann die Linie Nürnberg – Leipzig. Dazu schloß man am 14. Januar 1841 mit dem Königreich Sachsen und dem Herzogtum Sachsen-Altenburg einen Staatsvertrag ab. Auf sächsischer Seite hielten die Privatunternehmer länger durch als in Bayern. Die „Sächsisch-bayerische Eisenbahn-Compagnie" (gegründet: 22.6.1841) übernahm den Bau und Betrieb zunächst bis Reichenbach und Zwickau, bevor es König Friedrich August II. dem bayerischena Monarchen gleichtat und die Strecke am 1. April 1847 als erste sächsische Staatseisenbahnlinie erwarb. So trafen in Hof die „K.BAY.STS.B" und die „K.Sächs.ST-S.E.B." aufeinander, wobei 11,13 km Gleis vom Bahnhof Hof bis zur Landesgrenze bei Gutenfürst von Bayern gebaut und von Sachsen gepachtet waren. Die bayerische Staatsbahnlinie war am 12. Oktober 1853 bis Lindau am Bodensee verlängert und zur 553,67 km langen „Ludwigs-Nord-Süd-Bahn" Hof – Lindau zusammengefaßt worden.

Nachdem 1865 die von der K.BAY.STS.B gepachtete Kommunalbahn Hof – Asch – Eger, die in Oberkotzen von der Hauptstrecke abzweigt, in Betrieb gegangen war, wurde es eng auf dem Alten Bahnhof in Hof. 1872 waren die Planungen für einen neuen, einen Durchgangsbahnhof abgeschlossen. Acht Jahre später wurde er eingeweiht und der alte stillgelegt. Es gab dann auch zwei Bahnbetriebswerke in Hof, ein sächsisches und ein bayerisches, die in der Reichsbahnzeit BW Hof-Nord und BW Hof-Süd genannt wurden. Am Hauptportal des Bahnhofsgebäudes sind noch heute die steinernen kleinen und an der Hallendecke die aufgemalten großen Staatswappen beider Königreiche zu sehen (links: Bayern, rechts: Sachsen).

Am 1. Juni 1867 wurde die Strecke Hof – Marxgrün eröffnet, die genau elf Jahre später bis (Bad) Steben verlängert wurde. Am 14. August 1901 erfolgte noch die Inbetriebnahme der 6,32 km langen Fortsetzung der Preußischen Staatsbahnlinie Triptis – Lobenstein – Blankenstein durch das wildromantische Höllental bis Marxgrün. Der Bahnhof Marxgrün war also ein bayerisch-preußischer Eisenbahnknoten ebenso wie Probstzella. Die Höllentalbahn ist nach dem 11. August 1945 schrittweise stillgelegt und abgebaut worden.

Werner Pöllmann, Siebenbrunn

Die Kartoffel oder besser gesagt der „Erpfel" wird nicht geerntet, sondern gegraben; der Einheimische sagt „Erpfelgrauom". Resultat ist ein Grundnahrungsmittel, das bei fast jeder Mahlzeit eine Rolle spielt. (Seite 64)

Malerisch präsentiert sich die Ortschaft Presseck

Ziegen waren in früherer Zeit die „Kühe des kleinen Mannes"; Tierliebhaber halten sie auch heute noch. ▷

Seit eh und je beweiden Schafherden die vogtländischen Fluren – mit etwas Glück begegnet man diesem biblisch anmutenden Szenario. ▷

„Des Wertsheisla" im Frankenwald

„A klaans Wertsheisla", ein kleines Wirtshaus, irgendwo im östlichen Frankenwald, in der idyllischen Landschaft zwischen Selbitz und Saale. Dunkles Holz rahmt die einfache, gemütliche Stube mit den blankgescheuerten Holztischen, auf deren Mitten Bierfilzhäufchen, säuberlich gestapelt, auf Gäste warten. Es ist Sonntagvormittag, durch die niedrigen Fenster scheint hell die Frühlingssonne, verspricht einen wunderschönen Tag. Ein paar zeitige „Karterer", Kartenspieler, sitzen am runden Stammtisch, stemmen die frischen, schäumenden Maßen, blättern die Karten hin, daß es kracht: „... und nuch aan draaf, und itzt semma aus'n Schneider!"

Aus der offenen Küchentür daneben weht verlockender Duft: Heute gibt's, weil Sonntag ist, warmen Mittagstisch. Die „Wertsfraa", die Wirtin, steht selbst am Herd: Rotbackig, mit hochgekrempelten Ärmeln, ein kariertes Handtuch um die stämmige Taille gebunden, dreht sie gerade einen knusprig-braunen Schweinebraten um – köstlich, wie er seinem kulinarischen Ende entgegenbruzzelt, umwerfend, welch Aroma die Soße ausdampft, fein gewürzt mit Zwiebel und Kümmel und Majoran. Im großen Tiegel schwimmen die „Glees" oder „Glies", wie die Klöße im Frankenwald-Dialekt heißen. Es sind „Grüna" oder „Griena", grüne Klöße, die beliebtesten Klöße dieser oberfränkischen Landschaft, die im Norden fließend nach Thüringen ausschwingt, dem grünen Herzen Deutschlands. Diese runden, dampfenden Dinger aus geriebenen rohen und durchgepreßten gekochten Kartoffeln sind gefüllt mit in Butter gerösteten Brötchenwürfeln, den sogenannten „Semmlbröckla" oder „Monala". Welche Wonne, wenn man die Klöß' mit der Gabel zerteilt, mit heißer Soße übergießt und zusammen mit saftigem Braten und deftigem Sauerkraut genießt!

Und dann trudeln sie auch schon ein, die hungrigen Sonntagsgäst'! Das „Wertsheisla" füllt sich, alt und jung rückt eng zusammen auf den Holzbänken, Gelächter und Stimmengewirr schwirren durch die Luft, die jetzt dick wird, was aber keinen stört. „Wos gibt's denn heit zer essen, Berta? Senn die Glies scho fertich? Mir ham an Mordskohldampf, schließlich simmer zer Fieß hermarschiert!" Die Berta trägt auf, daß sich die Tische biegen, hier Schweinebraten, dort Rouladen, hier Sauerkraut, dort Blaukraut, alles selbstverständlich mit frischen Klößen. Wer will und kann, bekommt einen kräftigen Nachschlag, und die ganz „klaan Esser" freuen sich über ihre „Glees mit Soß". In unserem urigen oberfränkischen Wirtshaus ist die (Un)sitte der Pommes mit Ketchup noch nicht eingezogen, es gibt auch keinen Pumucklteller, auch keine Donald-Duck-Überraschung, die sich dann als Schnitzelchen oder Fischstäbchen entpuppen.

Die Leut', die hier essen gehen, wissen das – und wissen das vor allem zu schätzen. Zwei warme Gerichte auf der sonntäglichen Speisekarte, dafür aber von allerbester Hausmannskost, das ist einfaches, lukullisches Glück! So denken viele Genießer des nördlichen Frankenlandes. Ein Koch beispielsweise, der einen oberfränkischen „Serviettkloß" so zubereiten kann, daß er zugleich fest und locker ist, der hat bei ihnen eher einen Stein im Brett als einer, der „Kalbsnüßchen auf Morchelrahm" serviert oder „Spinatsouffl hinter Herzoginkartoffeln"!

Die Liebe zum Bewährten, Überlieferten wurzelt tief. Weil der Frankenwald-Mensch in einem nach allen Seiten offenen Brückenland lebt, ist er trotz aller Erdgebundenheit auch leicht offen für alles Neue, Fremde. Er geht deshalb auch gern mal ganz fein und vornehm essen oder zum Italiener, zum Griechen, Chinesen und Türken. Denn die gibt's auch hier, und die mag man auch. Aber sein Herz schlägt für sein „Wertsheisla", wo man sich stillvergnügt „a Schöpla hinter die Bindn kippen ko", wo's donnerstags Kochkäs mit Butterbrot gibt, freitags eingemachte Hering und am Sonntag eben Klöße mit Braten. „Aan guutn!"

Hofer Leibspeisen

Der Fritz
mooch Schnitz,.
der Hans
am libbsten Gans.
Die Anna ißt
gern Pfannakung,
der Heiner will
dauernd Sülzn versung.
Die Bobett lecht
die Pflauma ei,
die Liesl nascht am
Erpflbrei.
Der Willi schwärmt
fier griena Glees,
die Hanni libbt
na ogemachtn Kees.
Der Rudi ißt ollawoll
Äpflstrudl,
die Traudl kennt
sterm fier sießa Nuudl.
Und erscht der Gerch,
no der scho gar,
der futtert Schweinebroutn
jeden Sonntach im Joahr!
So woarn sa, so senn sa,
die Hofer Leit',
a weng gut essn is
ihr hechsta Freid!

Franziska Hanel, Hof

Die Küche

Vom Frankenwald bis zum Vogtland: Klöße und Schnitz

Wie das Land, so die Küche: Wo die sinnliche Schwermut des Frankenwalds mit dem Grün seiner tiefen Täler und dichten Wälder, dem Schiefergrau der Häuser allmählich zurückweicht, wo die Höhen flacher, die Kuppen sanfter und die Fluren offener werden, da, östlich der Saale zu, beginnt das Land der weiten

Die Hofer „Wärschtlamänner" sind Originale, sie verkaufen ihre Ware aus holzkohlebeheizten Kupferkesseln – sind sie doch die ältesten Fastfooder Deutschlands.

Horizonte: überschaubare Wälder zwischen bunten Auen, durchzogen von steinigen Wegen, Hügel, gekrönt von Schlössern, Burgen und Herrensitzen, die, zwischen alten Laubbäumen versteckt, die Landschaft bestimmen und wie mit unsichtbaren Fäden zusammenhalten – Land des Übergangs, Brücke zwischen Deutschlands Süden und Norden, eingerahmt von Thüringen und Sachsen und Böhmen, Land, in dem bereits Elemente der Nachbarn spürbar werden, was nicht nur der Dialekt verrät, sondern auch die Küche.

Es ist kein reiches Land, diese fränkische Ecke im bayerischen Norden. Kartoffeln bildeten, seit man sie kannte, die Hauptnahrung der Menschen, im kargen Frankenwald genauso wie im Vogtland mit Hof, der fränkischen Stadt an der sächsischen Saale, als Mittelpunkt. Nur ein paar Kilometer westlich von Hof, in Leupoldsgrün, begann das Reich der armen „Wejbersleit", der Handweber, die von aller Herrgottsfrüh bis spät in die Nacht am „Wieb", am Webstuhl saßen und vor allem „Schlipsla", Schals sowie Tücher webten – für einen Hungerlohn! Und dementsprechend sah auch die Kost aus: Tag für Tag gab's eingebrocktes Brot und „Erpfl", Kartoffeln, zu essen. Von den Webern geht die Red', daß sie „einen Heringsschwanz in die Goschn (Mund) steckten und zehn Erpfl daran vorbeiwandern ließen" – so hatte man wenigstens den Geschmack einer Zutat auf der Zunge. Da waren die „Glees" oder „Glies", die Klöße am Sonntag, schon ein wahres Festessen! Auch wenn der Braten dazu meist schmal ausfiel. Den größten Brokken Fleisch bekam „des Vadderla", der Herr des Hauses, die Kinder nur ein winziges Stück, wenn überhaupt.

Nicht nur im Frankenwald, auch im Vogtland als Mittelpunkt waren Kartoffelklöße und Gerichte aus Kartoffeln an der Tagesordnung. Der überlieferte, wöchentliche Speiseplan meiner Großmutter um 1920 sah demnach folgendermaßen aus: Sonntags speiste man grüne Klöße, Schweinebraten und Sauerkraut. Montags wurden die übriggebliebenen

Das Johannis- oder Sonnwendfeuer: Vielerorts wird wie hier in Issigau dieser altgermanische Brauch alljährlich gepflegt.

Schon tagsüber löscht man den Durst mit würzigem Gerstensaft.

Auch Köditz nahe Hof hat vogtländischen Charakter und eine sehenswerte Dorfkirche. ▷

Einst Grenz-Sperrgebiet und nur mit Sondergenehmigung zu erreichen: Bobenneukirchen. ▷

Töpen, im äußersten nordöstlichen Zipfel des Frankenwaldes gelegen, ist von seiner Randlage befreit und liegt wieder mitten in Deutschland – zählt es doch schon zum Vogtland. ▷

Klöße eingeschnitten und mit der restlichen Soße serviert. Dienstags gab's Nudelsuppe, Ballnglees (gebackene Klöße aus gekochten Kartoffeln) und Apfelmus, mittwochs Kartoffelstampf und saure Eier, am Donnerstag wieder grüne Klöße mit Fleisch, am Freitag warmen Kartoffelsalat mit Fisch und am Samstag Brotsuppe, Pellkartoffeln und Preßsack.
Freilich hat sich diese gewaltige Kloßschwemme nicht erhalten, sie ist auf ein „erträgliches" Maß abgeebbt, wenn auch die heiße Liebe zum Kloß als gute, besondere Beilage geblieben ist. Dabei kennt, mag und serviert man im Herzland Deutschlands noch weit mehr Kloßsorten: neben den „grünen", die fast identisch sind mit den Thüringern, unter anderem noch die „Baumwollnen" und die „Halbseidenen", die „Stärkglees" und die „Ballnglees". Letztere schmecken besonders zu einer Spezialität, den „Hofer Schnitz", eine gehaltvolle Gemüsesuppe.
Noch mehr Delikatessen aus der einfachen, aber auch wohlschmeckenden und fantasievollen Küche dieser Landschaft sind beispielsweise „Schwaaß", in der Pfanne gebackenes, mit Zwiebel und Brotwürfel zubereitetes Blut; Stockfisch, den man in Hof oft mit Sauerkraut und Kartoffeln serviert, Richtung Frankenwald zu auch mit Klößen und Eiersoße, oder Fisch mit Milchsoße, wie man ihn in Helmbrechts schätzt. Östlichen Einschlag, vom Böhmischen her, verraten der Karpfen schwarz (mit Blutsoße) und der süße Powidlstrudel, ein Strudel mit dickem Pflaumenmus. Abends stellt man auch heute noch gern einen Topf voll heißer, dampfender Pellkartoffeln auf den Tisch. Dazu ißt man unter anderem „eigschnittna Bremsgummi", eingeschnittenen Preßsack oder „Fleischwurst mit Musik" oder „Stinkadores" (Romadur) mit Butter, auch eine feine, selbstgemachte Schweinssülze oder marinierte Heringe in einer köstlichen „Brieh" aus Zwiebeln, Gurken, Äpfeln und Sahne.
Tradition hat hier nach wie vor auch das Bakken. Wo's herzhafte Klöße gibt, da sind die „süßen" nicht weit: die Germklöße, mit heißer Butter und Mohn übergossen, eine böhmische Delikatesse, die längst im nordöstlichen Frankenland Einzug gehalten hat, die „Heffnglees" aus Hefeteig, frisch eine Köstlichkeit, eine Hofer Spezialität. Hefeteig ist überhaupt beliebt, vor allem für die „Pfannakung" oder „Küchla", die anderswo als Krapfen bekannt sind. Zu besonderen Familienfeiern werden sie ebenso in riesigen Mengen aufgetischt wie die großen, runden Blechkuchen mit Streuseln, Quark, Nuß-Mandeln oder Obst. Eine Hochzeit oder Konfirmation ist ohne die „großn Rundn" einfach undenkbar, sowohl im Frankenwald als auch im angrenzenden Vogtland. Und heute noch wird „Kung ausgetrong": Wer ein Geschenk bringt, bekommt ein üppiges Kuchenpaket bis an die Haustür geliefert – eine schöne Sitte, die wie andere rund ums Essen geblieben ist.

Franziska Hanel, Hof

Mei Haamed

Dinn Frangnwald a Daal, a glass,
Enn Winder kaold, enn Summer haaß.

Der Wejnd felld ieber die Baamer her.
Ka Burch, ka Schloß, ka Schdadd find der.

Ka Nachdigall singd, bluuß a Meisla,
A schwarza Graoh und a gäils Zeisla.

Nid Waas und Wei ann schdeiln, huung Raa.
Dejf undn a Boch und gruußa Schdaa.

Die Laring wuchern ieberisch Wäjer,
Der Schläjabusch haod blaowa Bäjer.

Iss aa bluuß Baoch und Schdaa und Baam:
Dao hindn bej ich bald derhaam.

Alfred Völkel, Naila

Mei Bulldogg

Mei Bulldogg, der machd deff-deff-deff,
wenner ieber meina Feller leffd;
der hobberd laud enn ganzn Daoch
und doudmer alles, wosisch saoch.

Mei Bulldogg ziehd derhinderher,
wej wenn dess ganzegar neggs wär,
die Bfleijch, enn Mäiher und die Aadn,
dersedzd enn Gngeechd und zwou, drei Maadn.

Häir ichna aamaol nimmer blebbern
und häir sein Ausbuff nimmer schebbern,
maoch waß ich nuch inn annern Läim:
Enn schennern Bulldogg koos nid gäim.

Duch manchmal denggich, wej dess wär,
hedd ejch nuch amaol mei alds Pfär,
wuu Haber frißd und Dung draus machd,
nid Diesl säffd und schdinggd und grachd.

Inn Draam häir ichs nuch manchmaol wiehern
und siehs enn Bflouch schee rouwich fiehern. –
Wenn aa der Bulldogg nuch su glenzd,
mei Pfär war duch ess allerschennsd.

Alfred Völkel, Naila

Kärba

Die Kärba iss in unnrer Geenged
a Fäsd ver ganz besundrer Aard.
Dao koo neggs annersch dermejd landn,
weils Därfla sche su lang draaf ward.

Die Heeml, wuu sejsd nagged laam,
dej wärrn gebudzd mid Boond und Schdrauß.
Denn Schadz, wuusd sejsd ze Noochd bluuß schdreichlsd,
ben lichdn Daoch fiehrschdann aus.

Zer Kärba miß ess schennsda Seila,
ess ledzda Gensla miß droo glaam.
Die maarla dunn die ganz Noochd danzn,
und mancher kimmd ze Frej ärschd haam.

Gefrässn wärd dao und gesuffm
gesunga und a wing geschdierd.
Und wenn a Fremmer a wing frech doud,
no haa, der griggd a baar geschmierd.

Ob Dräjer, Hobberer und Schlaafer:
ess dräjd sich alles immadimm.
Und laodschd dich aaner aff die Zäja,
zer Kärba iss dess nid su schlimm.

Die Kärba iss, su wej ess Läim iss:
Mer schenggder ei, und dou dringgsd aus,
und ihrschda dich versiehsd, naoch iss sche
ess Läim graod wej die Kärba aus.

Alfred Völkel, Naila

Di Musikprob – Gedicht in nordbairischer Mundart

Freitig is –, u für an Moa
wäa daham weng wos za toa,
duch döi han za nix kaa Zeit,
denn es is Musikprob heit ...

Jeder kimmt sue nouch u nouch
duat döi braate Treppen houch,
aaner kimmt van Berg uem rei,
aaner mußt di Platten nei,
aaner wohnt oft sinstawou –,
endli nou is jeder dou.

Aaner teilt di Noutn aus,
da annre nimmt's Trumpettl raus,
aaner fatzt i's Waldhorn nei,
da annre safft a Böia nei;
vorne rechts quäkts Saxephon,
aah da Baß riskiert an Ton,
jeder tutelt voa sich hie
sue ra eigne Meledie;
di grouß Trummel macht, 'bum-bum'
u's Fagott macht's egal 'brumm',
vorne bläst di Klarinett
mit'n Piccerl im di Wett ...

Endli klopft da Dirigent
mit'n Steckerl in da Händ
aff sei hülzerns Noutnpult –
aaner hout poor „Turf" nuch ghullt
u bis dea no wieder sitzt
kimmt dar allerletzte gflitzt,
kröicht schnell im di annern nim,
schmeißt dabaa poor Pulte im –,
endli endli hält jeds Rouh,
horcht na Dirigenten zou:

„Eitzat mal di Aung aufgsperrt,
nächsten Monat is Konzert!
Wenn dou alles klappen söll,
sedd za jeder Prob za Stell! –
Mia spieln eitz döi Rhapsodie,
guckt weng aff die Noutn hie ... !"

U döi Prob döi fängt eitz oa –,
jeder strengt si tüchtig oa,
plötzli schreit da Dirigent
mit'n Steckerl in da Händ:
„Himmelkreizmoandunnrewetta!,
guckt duch aff di Noutnblätta!
Paßt a bisserl besser auf,
stöiht duch alles richtig drauf! –
Duatn va da Nummer zwaa
eascht amal 's Hulz allaa,
duch nou va da Nummer drei
setzt 's Bleech glei nuch miet ei!"

U sue göiht's eitz wieder lous,
jeder gitt si an klaan Stouß,
jeder hout di Aung aufgsperrt,
denn nächsts Monat is Konzert.

Plötzli schreit da Dirigent
mit'n Steckerl in da Händ:
„Aus, aus, aus, iech ho's schu ghöiert,
dou woa's Flügelhorn vaköihert!
Duat stöiht duch a 'b' davoa. –
Nuch amal van Trio oa ... !"

U döi Prob göiht wieder lous,
jeder gitt si nuch an Stouß,
sperrt di Aung, die Ouhern auf,
hullt nuch schnell a Böia rauf,
denn van Blousen kräiggt ma Duascht,
aaner ißt mal schnell a Wuascht,
denn daham dou woa kaa Zeit,
denn es is Musikprob heit,
u döi gout Musikerfrau,
döi kennt suewos ganz genau,
hout niat gschimpft u hout niat plärrt,
denn nächsts Monat is Konzert!

Hans Meyer, Markneukirchen, genannt Meyer-Muck

Das Feiern hat Tradition im Frankenwald; vor allem zur „Kärwa“ wird, wie hier in Ebersdorf, altes Brauchtum praktiziert.

Einen interessanten Einblick in das Leben der Handweber gibt das Webermuseum in Neudorf. Im Raum Helmbrechts findet man noch Relikte aus jenen Tagen – strohgedeckt und weißgekalkt.

Durchs Kemnitztal von Gutenfürst nach Pirk

Neun Kilometer lang ist die Entdeckungstour durch ein wunderschönes Stück Vogtlandheimat, das 37 Jahre und 6 Monate in der sogenannten „Sperrzone der Staatsgrenze-West" im Dornröschenschlaf lag.
Der Kemnitzbach, sein Name ist vom altsorbischen „Kamenica" (Steinbach) abgeleitet, entspringt in fast 600 m Höhenlage in mehreren Quellarmen westlich von Grobau und hat sich eines der reizvollsten Bachtäler des Vogtlands geschaffen. Bis zur Unterkemnitzmühle ist es ein flaches Muldental, das sich zu einem relativ engen, tiefen Kerbtal wandelt, um auf das Mündungsniveau von 362 m ü. d. M. hinabzuführen.
Als erstes Etappenziel wird Krebes anvisiert. Auf dem Dorffriedhof liegt im Schatten der Kirche der bekannte spätromantische Vogtlandmaler Hermann Vogel (1854 bis 1921) begraben. Auch sein Wohnhaus ist nicht weit. Von dort hat man einen schönen Blick auf den 541 m hohen Burgstein mit den beiden denkmalgeschützten, gotischen Kirchenruinen. Jede der einstigen Wallfahrtskirchen aus dem 15. Jahrhundert gehörte zu einer anderen Diözese. Die westliche, hohe, ältere war bambergisch und die östliche, flache, jüngere war naumburgisch.
Südlich vom Burgstein baute man im sogenannten „Plattenrevier" über drei Jahrhunderte lang Kupfer ab. Das Burgsteingebiet ist eines der größten zusammenhängenden Diabasareale im Vogtland und steht unter Landschaftsschutz. Die eigenartige Kuppenlandschaft mit den bewaldeten „Pöhlen" inmitten landwirtschaftlicher Nutzfläche ist von ganz besonderem Reiz.
Weiter führt die Wanderroute hinab nach Ruderitz. An der alten Brücke in Ruderitz kann der Weg am Bach entlang direkt zur Neumühle eingeschlagen werden. Wer auf der Straße bleiben will, lenkt seine Schritte nach Geilsdorf. Dort stand eine mittelalterliche Wasserburg, die zum Schloß umgebaut wurde, von dem noch ein Turmrest als Ruine erhalten ist. Hinter dem Rittergutsgebäude, in dem sich ein Seniorenheim befindet, liegt ein sehenswertes Wildgehege. Die Dorfkirche von Geilsdorf wurde in den Jahren von 1832 bis 1834 erbaut.
Weiter führt der Weg wieder ins Kemnitzbachtal hinab, wo man auf den Gasthof „Neumühle" trifft. Über einen schmalen Pfad am Bach entlang erreicht man die unmittelbar oberhalb der Neumühle gelegene Thermalquelle. Seit 1961 sprudelt die 25 Grad Celsius warme angebohrte Wasserader aus 1173 m Tiefe an die Oberfläche. 1967 wurde diese Mineralquelle als Springbrunnen gefaßt und der Öffentlichkeit zugänglich gemacht.
Das nächste Ziel ist Pirk. Nun geht es im letzten und tiefsten Teil des Kemnitztales hinab zur Weißen Elster. Die steilen Talhänge bilden als Naturschutzgebiet ein Refugium für botanische Kostbarkeiten. Unter der seit 1940 unvollendeten, 61 m hohen Brücke der Autobahn Chemnitz – Hof (A 72) hindurch, ist an der B 173 im Feilebachtal das ehemalige Bergbaudorf Pirk erreicht. Sollte noch Zeit bis zur Abfahrt des Zuges sein, so kann noch ein Abstecher zur Burgruine im Ortsteil Türbel gemacht werden. Sie diente ebenso wie Wiedersberg dem militärischen Schutz der alten „Frankenstraße" aus dem 13. Jahrhundert, auf der die Handelsleute zwischen Nürnberg und Chemnitz unterwegs waren.

Werner Pöllmann, Siebenbrunn

Elsterland – einst Teil des Egerlandes

Am 28. Juni 1165 schenkte der böhmische König Wladislaw II. dem Kloster Waldsassen das Schönbacher Ländchen und das Gebiet bis zur „Helstre inferius", das Elsterland. Die Kleine Elster, die in Adorf in die Weiße Elster mündet, heißt heute Schwarzbach, aber das Gebiet zwischen beiden Flüssen ist das historische Elsterland geblieben, wenn es auch mittlerweile als Landschaftsschutzgebiet (LSG) den leider vielfach unterschiedlich interpretierten und oft falsch angewendeten Naturraumnamen „oberes Vogtland" trägt.
Am 27. September 1288 gab Kaiser Rudolf von Habsburg das Elsterland als den sechsten Teil der Erbschaft des Albrecht von Neiperg (Neuberg bei Asch) an den Vogt Heinrich I. von Plauen. Dieser ließ in seiner Münzstätte in Adorf Brakteaten aus Silberblech prägen, die zum Symbol des Elsterlandes geworden sind. Sie zeigen zwei Elstern als Sinnbild für die beiden Flüsse, deren Name eigentlich nicht von den diebischen Vögeln, sondern von Erlen abgeleitet wird. Nachdem die Egerer und Plauener längere Zeit gemeinsam über das Elsterland und die Region um Asch und Selb geherrscht hatten, kam das Elsterland am 31. Oktober 1357 an die Wettiner, wurde also meißnisch. Seit 1569 gehört es endgültig zu Kursachsen, dem späteren Königreich und Freistaat.
Inzwischen wurde Sachsen als eines von 16 Bundesländern im vereinten Deutschland wiedergeboren. Trotz einiger separatistischer Tendenzen ist das Vogtland seit über 400 Jahren ein wichtiger Teil Sachsens, dessen Bedeutung in Zukunft als südwestlicher Vorposten und „Brücke nach Bayern" noch zunehmen wird. Als sächsische Landeskinder zeichnen sich die Vogtländer ebenso wie die Erzgebirgler oder Oberlausitzer durch kulturelle Besonderheiten aus. Noch größer sind die Unterschiede zu den ca. 30 000 Bewohnern des Elsterlandes. Hier im einzigen Teil des Vogtlandes, der in der Stauferzeit als egerisches Reichsland geprägt wurde, sind die nordbairischen Wurzeln noch deutlich erkennbar. Zwei Jahrhunderte Kolonisation im bayerischen Nordgau haben genügt, um das Elsterland dauerhaft in den oberdeutschen Kulturkreis einzubinden. Die Stammesvettern der Elsterländer leben in der Oberpfalz, im Sechsämterland und überall dort, wo Egerländer nach der

Grenzverlauf zwischen Vogtland und der Tschechoslowakei im Kammbereich beim Ursprung der Weißen Elster
Von Schönberg aus öffnet sich ein weiter Blick über die Eger-Senke bis hin zum Kaiserwald in Böhmen. ▷
Schloß und Kirche prägen das Bild von Schönberg am Südhang des Kapellenberges. ▷

Vertreibung eine neue Heimat gefunden haben. Die Tatsache, daß die siebenhundertjährige territoriale Zugehörigkeit des Elsterlandes zum vogtländisch-sächsischen Norden das durch Besiedlung, Kultur, Wirtschaft und Verkehr bestimmte nordbairische Wesen und die Verbundenheit zum egerländisch-nordgauischen Süden nicht erschüttern konnte, bestätigt sich seit dem Ende der SED-Diktatur täglich aufs neue.

Werner Pöllmann, Siebenbrunn

Grenzland im Herzen Europas

Lanzengleich und nach Süden spitz auslaufend, ragt das Elsterland ins Böhmische hinein. Schönberg am Kapellenberg setzt gewissermaßen den Punkt unter das Territorialgebilde dieser seltsamen Formung. Einen Vorteil aber hat es unbestreitbar: Den Zipfel findet man auf den Landkarten problemlos, und die Orientierung wird erleichtert. Bei Bad Brambach ist die „Taille" in West-Ost-Richtung gerade noch 2600 Meter breit! So eingeschnürt lebten die Menschen dort seit dem Kriegsende 1945! Die einzige Grenzübergangsstelle für Straße und Bahn war bei Schönberg eingerichtet. Vom Freistaat Bayern her sind 1990 einige alte Übergänge nach Böhmen wieder geöffnet worden, von sächsischer Seite im Jahre 1991.

Für die sonderbare Grenzziehung waren grundherrschaftliche Verhältnisse bestimmend. Ursprünglich gehörte der südlichste Zipfel des Vogtlandes zum Egerland und lag unter der kirchlichen Zuständigkeit des Bistums Regensburg. Anfangs waren auch die Territorialherren, die Vögte von Plauen, Lehensleute des Königs von Böhmen. Dann mußten sie Teile ihres Landesverbandes an die erstarkenden Wettiner abtreten. Im Vertrag zu Eger vom Jahre 1459 wurde schließlich der Grenzverlauf zwischen der Mark Meißen und Böhmen so fixiert, wie wir ihn im wesentlichen heute noch kennen.

Den besten natürlichen Überblick über das Gebiet hat man vom Landwüster Wirtsberg aus. Westnordwestwärts sind die Höhen von Roßbach, nach Nordosten zu die langgestreckten Felsenklippen des Hohen Steins zu erkennen, einprägsame Landmarken am Beginn der Ausbildung der sich immer enger einschnürenden Landspitze von Sachsen ins Böhmische. Im Westen hebt sich der wohlgeformte Glimmerschieferrücken des Hainbergs (757 m) bei Asch vom Horizont ab und läßt den Blick weitergleiten zum Wachtberg bei Oberreuth. Zuvor kann man noch die Birke am Gürther Kreuz ausfindig machen, die nur etwas mehr als einen Steinwurf von der Grenze zum Ascher Ländchen entfernt steht. Nach Osten zu sieht man den Grenzverlauf im Wald hinter der Streusiedlung Wernitzgrün. Ganz in der Nähe schaut man ins Tal des Hannabaches mit seinen vereinzelten Häusern.

Jenseits des Bächleins lag der böhmische Teil des kleinen Dorfes Hennebach; die Gehöfte wurden nach 1945 abgerissen. Nun erfassen die Augen den Industrieort Fleißen. Bad Brambach kann man nicht sehen; es liegt im Tal des Röthenbaches, der zur Eger zu entwässert. Der 670 m hohe Schieferknock steht dazwischen. Einem Maulwurfhügel ähnelnd, beschließt der Granitstock des Kapellenberges (759 m ü. d. M.) ganz im Süden den Zipfel und bindet ihn ab. Im Waldgebiet westlich von ihm sprudelt auf böhmischer Seite die Quelle der Weißen Elster zutage, kaum mehr als 130 Meter von den Grenzsteinen entfernt. Bei Bad Elster tritt der Fluß auf sächsisches Gebiet über und wird zum wichtigsten Wasserlauf des Vogtlandes.

Wie reizvoll ein Spaziergang entlang der Grenze sein kann, sollte jeder Wanderfreudige selbst ausprobieren! Stille Fleckchen unverfälschter Natur, weite Fernblicke, manch seltene Pflanzen, scheues Wild, muntere Vöglein, schwerfällige Käfer, bunte Schmetterlinge und was sonst ein sehen wollendes Auge zu erfassen vermag, werden den Heimatfreund entzücken!

Vom Kapellenberg ist es nicht weit nach Bärendorf, dem höchstgelegenen Gebirgskammdorf des vogtländischen Südzipfels. Im Gegensatz zu dem formenreichen Landschaftsbild der Umgebung liegt der Ort relativ eben auf der Verwitterungsfläche des Granits. Hier im Elstergebirge, dessen höchste Erhebungen Kapellenberg und Hainberg bilden, befindet man sich in dem Teil des Fichtelgebirges, der in Böhmen und Sachsen liegt und deshalb einen eigenen Gebirgsnamen hat. Der Kamm über Landwüst, der als der höchste Teil der obervogtländischen Rumpfscholle eine Überleitung vom Naturraum Fichtelgebirge zum Naturraum Westerzgebirge darstellt – die beide in ihrer Entstehung und Struktur gleiche Merkmale aufweisen – wird neuerdings nicht mehr zum Elstergebirge gerechnet.

Noch bevor man zum Gürther Kreuz kommt, führt der Wanderweg von Bad Brambach her in einen stillen Talgrund, von dem aus das Grenzbächel, dem Raunerbach zustrebend, seinen Anfang nimmt. Dort trifft man auf ein einsames Haus, das ehemalige Grenz- und Waldwirtshaus „Zum Schimmel". Es wurde so gebaut, daß es auf böhmischem und sächsischem Boden stand. Bis 1937 ragte eine böhmische Landzunge ostwärts weit hinein in sächsisches Gebiet. Durch einen Austausch mit einer Waldfläche auf dem Erzgebirgskamm wurde mit dem Nachbarstaat eine vernünftige Regelung dieses Kuriosums gefunden, in dem man die nur 125 Meter breite Ansatzstelle einfach abschnürte.

Nicht versäumen sollte man, Raun einen Besuch abzustatten. Das 1378 erstmals erwähnte Waldhufendorf, dessen Name soviel wie „am rauhen Ort" bedeutet, birgt volkskundlich viel Sehenswertes. Schöne Fachwerkgiebel im Egerländer Stil mit rotem Gebälk und weißem Hausputz offenbaren dessen ganzen ornamentalen Reichtum. Mitten im Dorf steht eine kleine Kapelle. Sie zählt zu den frühen sakralen Bauten im Vogtland und

gilt als altes Wallfahrtskirchlein. Ihre heutige Gestalt erhielt sie um 1534. Im Chorraum birgt sie ein Altargemälde aus vorreformatorischer Zeit. Was Wunder, daß das ganze Dorf unter Denkmalschutz steht!
Bad Elster ist nicht fern. Die Fluren des Kurortes berührend, verläuft die Grenze am Heißenstein vorüber und über den Wolfsberg hinweg weiter bis zu ihrer nördlichsten Ausstülpung bei Gettengrün. Zwischen dem vogtländischen Ebmath und dem böhmischen Roßbach wendet sie sich westwärts bis zum Dreiländereck zwischen Wieden und Prex. Dort treffen die Grenzen Sachsens, Bayerns und Böhmens zusammen.

Siegfried Thomä, Adorf

Schönberg am Kapellenberg

„Schonenberch" – schöner Berg – Schönberg. Ja, er ist ein schöner Berg, der Kapellenberg, an dessen Fuß nach Süden zu das Dörfchen liegt, geschützt vor den rauhen Winden aus dem Norden, den Fichten, ein paar Kiefern und Buchen tragenden Bergstock im Rücken. Die warme Luft aus dem Egerbecken und die Lage am Hang, der Mittagssonne zugewandt, lassen hier die Kirschbäume um zehn bis vierzehn Tage früher blühen als weiter oben im Gebirge oder in den Tallagen der Weißen Elster und den ihr zufließenden Bächen.
Das müssen die Menschen schon vor vielen hundert Jahren erkannt und geschätzt haben. Als noch dichter, undurchdringlicher, nur hier und da von Blößen aufgelockerter Wald das Land bedeckte, keine Wege an den Bergen hochkrochen oder an ihnen vorbei in tiefer gelegene Gegenden führten, siedelten Jungsteinzeitmenschen bereits im fruchtbaren Egerland. Neugierde und Tatendrang, Jagderlebnis und -beute suchend, mag den einen oder anderen getrieben haben, sich vorzuwagen in den urwüchsigen Wald und Pfade auszutreten für seine Horde. Wahrscheinlich hat dabei ein Jäger sein mühsam gefertigtes Walzenbeil verloren oder vergessen, das bei Hohendorf an einer Feuerstelle unter der Erdoberfläche gefunden wurde. Oder zeugen die Holzkohlenreste gar von einem frühgeschichtlichen Siedelplatz? Wer das Steinwerkzeug sehen will, schaue sich danach im Plauener Vogtlandmuseum um.
Später, als die Menschen schon mehr Kultur angenommen hatten und drauf und dran waren, ihre Gleichstellung aufzugeben, sich in Höhere und Niedere zu teilen und die Mächtigen einander zu beherrschen versuchten, könnte einem Stamm der „schöne Berg" strategisch gerade recht gelegen sein. Gräben wurden ausgehoben, Wälle errichtet, eine Zufluchts- und Verteidigungsanlage erbaut. Viel später erinnerten sich andere Herren über Land und Leute wieder des Berges. Es dürfte im Hochmittelalter gewesen sein, als dort oben das Bauen erneut begann. War es Kaiser Friedrich Barbarossa, der die alte Egerer Burg zur Kaiserpfalz ausweitete, der auch den Kapellenberg besaß und hier in die vorgeschichtliche Anlage hineingreifend, eine neue Schutzwehr zu schaffen befahl? Oder waren es die Heinrichinger, die auf dem Berg zum Schutz des Vogtlandes und seiner ins Egerland führenden Straßen Granitquader an Ort und Stelle brechen und behauen oder von ihren Untertanen herbeischaffen und auf dem Gipfel ein Kastell errichten ließen? Möglich wäre beides. 1261 mußten jedenfalls die Vögte Heinrich von Weida, Heinrich von Plauen und Heinrich von Gera dem jungen König Konradin und seinem Vormund, Herzog Ludwig von Bayern, versprechen, niemals mehr eine Burg auf dem „Schonenberch" anzulegen. Bodenformen zeugen heute noch von der Geschichte beider Burgen.
Als der 759 Meter hohe Kapellenberg aus Fichtelgebirgsgranit noch einen Aussichtsturm trug, fanden viele Wanderfreunde den Weg dorthin, der herrlichen Fernsicht wegen. Nun kann man nur noch hier und da von einer Lichtung aus über das tertiäre Einbruchsbekken um Eger hinweg zum Kaiserwald, zum Oberpfälzer Wald schauen, die Höhen des Steinwaldes und des Fichtelgebirges erkennen und die Silhouetten des Bergkranzes weiterverfolgen bis hin zu den Höhen des Frankenwaldes. Bei guter Sicht zeigen sich uns auch die Bergriesen des Erzgebirges, Keilberg, Fichtelberg und Auersberg. Wo die Sicht nach Nordosten frei ist, empfehlen sich Schöneck, Kielberg und Aschberg als markante Punkte für den Suchenden. An die sechzig Ortschaften soll man zählen können! Dort wird man des Schauens nimmer müde!
Zu Eger, dem politischen und wirtschaftlichen Zentrum des Mittelalters, haben immer enge Beziehungen bestanden. Bis 1147 hatten Schönberg und der Kapellenberg zum Egerlande gehört. Um diese Zeit nahmen die Reichsvögte von Weida das Gebiet in Besitz und gaben es 1357 an die Wettiner ab. Am Osthang des Berges erinnert die Ruine der Kapelle St. Ursula an die Egerer Kreuzherren vom Roten Stein, die schon 1271 in der alten Reichsstadt ansässig waren. In die Granitscholle am Goldbrunnen neben der Ruine ist deren Zeichen, ein Gabel- oder Malteserkreuz, eingehauen. Von der Kapelle lieh schließlich der Berg seinen neuen Namen; der alte übertrug sich auf das Dorf. Nach der Einführung der Reformation, etwa um 1529, wurde die Kapelle aufgelassen und verfiel. Sagen umranken sie bis in die heutige Zeit.
Unweit des Kapellenberges, etwa 7 Kilometer nach dem sächsisch-böhmischen Grenzübergang, ist rechts des breiten Bandes der Europastraße 49 der flache Hügel des Kammerbühls zu erkennen. Er ist ein erloschener Vulkan, von hohem wissenschaftlichen Interesse über Jahrhunderte hinweg. Bedeutende Forscher untersuchten ihn. Auch Goethe. Weil der Herr Geheime Rat von einem profunden Naturforscher mit reicher Mineraliensammlung in Schönberg, nämlich Pfarrer Martius, hörte, machte er sich anläßlich einer seiner Badereisen zu diesem auf, beehrte ihn 1822

Stadtpark
Aussichtskoppel
Hohe Reuth
FDGB-EH. Karl Marx
Schülerwanderroute

Der Auerbacher Kindergarten „Sonnenschein" macht seinem Namen alle Ehre.

◁ *Kirche in Auerbach (oben) und Arnoldsgrün (unten)*

◁ *Auf dem „Alten Söll" (734 m ü. d. M.) stand einst der Bergfried der mittelalterlichen Burg „Castrum Schönecke". Der Aussichtsfelsen bietet einen herrlichen Rundblick auf das obere Vogtland mit Elstergebirge bis zum Fichtelgebirge.*

zweimal mit Besuchen und rühmte dessen Kenntnisse und Gefälligkeit.
Das Dörfchen zeigt sich dem Besucher in einem schmucken Gewande. Der Schloßpark mit seinen alten Bäumen gewährt beschauliche Ruheplätze. Das Schloß selbst gehörte einstens den Feudalherren von Neuberg, ab 1485 den Herren von Reitzenstein. Sein ältester Teil ist der Wartturm aus dem gleichen Jahre. Der Schloßbereich, der Zierbrunnen und die Kirche stehen unter Denkmalschutz. Läßt man es sich in einem der gemütlichen Gasthäuser schmecken und ißt man vielleicht „Grüngeniffte", Klöße aus rohen und gekochten Kartoffeln, sollte man wissen, daß 1680 in Schönberg die „Erdäpfel" in unserer Gegend erstmals als Feldfrucht angebaut worden sind. Dann nahmen sie ihren Weg in die Küchen der Armen und der Reichen, und eine Ernährung ohne sie erscheint uns heutzutage unvorstellbar.
Ein Blick auf die Landkarte zeigt, wie das Elsterland, an drei Seiten von der Staatsgrenze eingefaßt, fingergleich ins Böhmische hineinragt. Schönberg ist der südlichste Ort des Bundeslandes Sachsen, vermessen auf dem fünfzigsten Grad und der elften Minute nördlicher Breite – fast gleich mit Frankfurt am Main und Prag.

Siegfried Thomä, Adorf

Stadt Schöneck – Balkon des Vogtlandes

Der Ort entstand zugleich mit einigen umliegenden Dörfern, als man zur Stauferzeit daran ging, wieder verstärkt Wald zu roden, weil man wegen der Bevölkerungszunahme Neuland zur landwirtschaftlichen Nutzung brauchte. Dem Würzburger Bischof Konrad v. Querfurt (1200/08), der zugleich Reichskanzler war, ist es zuzuschreiben, daß auch aus Franken ein Siedlerstrom ins Vogtland kam.
Um die neugegründeten Dörfer beherrschen zu können, wurde die Burg Schöneck errichtet. Die Burgherren, seit 1225 in Urkunden zu finden, waren zunächst Reichsministeriale, mußten aber schon um 1235 den Plauener Vogt als Lehensherren anerkennen.
Im 14. Jahrhundert erreichte der Besitz derer v. Thoß zu Schöneck seine größte Ausdehnung, denn sie verfügten als Dienstmannen des Vogts nicht nur über ein geschlossenes Gebiet vom Schneckenstein bis nach Erlbach, sondern auch noch über Güter am Kemmler, um Weischlitz / Zöbern / Bobenneukirchen, um Adorf sowie in Schönberg und anderswo. Nach Erbteilungen verkleinerten sich die einzelnen Besitzungen wieder; das führte (neben anderen Ursachen) zum Verfall des Rittertums, und die Burgen wurden zu Raubnestern. Kaiser Karl IV. schritt gegen das Raubwesen energisch ein, ließ die berüchtigtsten Schlupfwinkel zerstören und nahm die Burg Schöneck in Besitz. Zugleich verlieh er am 14. August 1370 der nunmehr für längere Zeit zu Böhmen gehörenden „Stadt unter Schoenegg" verschiedene Privilegien, wie Markt- und Jagdrecht, Steuerfreiheit, Befreiung vom Militärdienst und eigene Gerichtsbarkeit. Schöneck gehörte dem nordwestböhmischen Städtebund an, und die Burg beherbergte in den kriegerischen Zeiten um 1400 recht starke Besatzungen.
Im 15. Jahrhundert befand sich die Burgherrschaft im Besitz der Grafen von Schlick, die bergbauliche Versuche unternahmen und dabei auch Kottenheide gründeten. Als der Bergbau nicht den erhofften Gewinn brachte, verkauften sie 1499 die Herrschaft Schöneck und die Besitzer wechselten nun in rascher Folge. Vorher bestätigten sie jedoch den Bürgern die seit altersher als Gewohnheitsrecht geltende freie Holznutzung in den Schönecker Wäldern als erbliches Lehen. Dieses Recht bildete in der rauhen Gebirgslage wohl ziemlich die einzige wirtschaftliche Grundlage für das Städtchen. Am 12. Mai 1554 ging das Burggut mit sämtlichem landwirtschaftlichen Grundbesitz in das Eigentum der Stadt über und die Bürger teilten sich den Grund und Boden untereinander auf. So kam es, daß zu jedem Hausgrundstück ein „Hoffeld" gehörte. Im westlichen Teil der Schönecker Gemarkung erinnern noch zahlreiche Flurnamen daran.
Nachdem Schöneck im Jahre 1569 endgültig zu Sachsen kam, begann die kurfürstliche Verwaltung, systematisch die Sonderrechte des Städtchens zu untergraben. Schon bald mußte sich die Einwohnerschaft gegen unrechtmäßig erhobene Steuern zur Wehr setzen. Um die Holzfreiheit einzuschränken, wurde die seltsame Bestimmung erlassen, daß die Zahl der Feuerstätten 141 nicht überschreiten dürfe. Diese Fessel hinderte die Stadt am Wachstum, und so kam es, daß sie immer mehr von anderen vogtländischen Städten überflügelt wurde.
Im Jahre 1580 ließen die Kurfürsten einige Bauten der Unterburg abtragen, um an dieser Stelle ein Jagdschloß zu errichten, das zur Abhaltung großer Jagdlager und als Verwaltungssitz des kurfürstlichen Forstmeisters im Vogtland diente. Wie damals üblich, nannte man es meist nur „Forsthaus".
Kurz nach Eintritt Sachsens in den Dreißigjährigen Krieg (1632) ließ der kaiserliche General Holk die Stadt Schöneck mitsamt der Burg dem Erdboden gleich machen. Lediglich der „Alte Söll", also der dicke Bergfried auf dem Felsen, widerstand der Zerstörungswut. Nach diesem schrecklichen Kriege baten böhmische Exulanten die Stadt um Aufnahme, doch aufgrund der erwähnten Klausel im Schönekker Stadtrecht wurde dies nur zwei Geigenmachermeistern mit ihren Familien gewährt. Dieses neue Gewerbe faßte Fuß, und schon 1678 legte Nicol Kolbe aus Schöneck als erster der im Vogtland geborenen Geigenmacher vor der Markneukirchener Innung die Meisterprüfung ab.
Der Stadtbrand am 7. August 1680 versetzte der gerade begonnenen wirtschaftlichen Entwicklung einen furchtbaren Rückschlag. Einer der Geigenbaumeister aus Graslitz zog nun nach Klingenthal, der andere nach Markneu-

kirchen. Im Ort blieb nur Nicol Kolbe. Die Geigenmacher, die sich in der darauffolgenden Zeit selbständig machten, waren fast alle seine Schüler. Christian Händel gründete 1712 in Schöneck eine „Geigen- und Pfeiffenmacher"-Werkstatt. Er hatte das Drechseln von Holzblasinstrumenten auf der Wanderschaft kennengelernt und brachte dieses neue Handwerk ins Vogtland, wo es zunächst in Geigenmacherwerkstätten als Nebenerwerb betrieben wurde. Bis zum Jahre 1730 hatte sich der Musikinstrumentenbau soweit entwickelt, daß sich die Schönecker Meister von der Markneukirchner Geigenmacherinnung lossagten und eine eigene gründeten.
Nach dem Stadtbrand vom 29. Januar 1761 trug man zur Gewinnung von Baumaterial die wenigen noch vorhandenen Mauerreste und den „Alten Söll" der Burg ab. Der Name des Turmes ging später auf den Felsen über. Die letzte Schönecker Windmühle wurde mit Spinnmaschinen ausgerüstet, und im Jahre 1811 nahm die „Maschinenspinnerei Kaufmann Seeling u. Co." mit etwa 50 Textilarbeitern die Produktion auf. Doch nur wenige Jahre trieb der Wind die Spindeln; schon 1826 mußte dieses erste Schönecker Industrieunternehmen Konkurs anmelden. In der Nacht vom 5. zum 6. Juli 1852 brannte die Windmühle mit den umliegenden Häusern ab.
Nach dem großen Stadtbrand vom 9. Mai 1856, bei dem nur wenige abseits stehende Häuser verschont blieben, wurde die Straßenführung im Stadtgebiet verändert, und der Neuaufbau erfolgte in massiver Reihenbauweise. Am 7. September 1875 erhielt Schöneck Eisenbahnanschluß, und erst danach entstand die Oberstadt, zunächst „Bahnhofsvorstadt" genannt, die sich vom 1899 errichteten Postamt bis zum 768 m hoch gelegenen Bahnhof erstreckt.
Die Industrialisierung begann nach der schweren Brandkatastrophe mit großer Verzögerung, denn erst nach jahrelangen vergeblichen Bemühungen der Stadtverwaltung fand sich 1865 eine Leipziger Zigarrenfabrik bereit, einen Teil ihrer Produktion nach Schöneck zu verlegen, um dort mit billigen Arbeitskräften produzieren zu können. Wenn ihre niedrigen Löhne den Schöneckern trotzdem „einen nie gekannten Arbeitsverdienst brachten", wie es heißt, dann kann man sich einen Begriff von der durch die Arbeitslosigkeit verursachten Armut machen. Im Jahre 1905 waren etwa 20 % aller Einwohner in der die wirtschaftliche Struktur der Stadt bestimmenden Zigarrenindustrie beschäftigt.
Unter den Zigarrenarbeitern wuchs das Klassenbewußtsein, und so galt Schöneck schon Ende des 19. Jahrhunderts als Hochburg der Sozialdemokraten. 1894 fand die erste öffentliche Maifeier statt, und drei Wochen später sprach August Bebel vor fast 1000 Menschen. Um 1970 wurde die Zigarrenfabrikation durch neuzeitliche Produktionszweige abgelöst. Schöneck wurde dann Zentrum der elektronischen Musikindustrie, außerdem werden noch Holzblasinstrumente, Darmsaiten, Lederwaren, Babyschuhe, Miederwaren, Gardinen, Baustoffe, Fahrzeugelektrik und andere Gebrauchsgüter hergestellt.
Der Skilauf besitzt in Schöneck eine lange Tradition und war um 1875 schon so weit verbreitet, daß die Polizei die Ausübung auf öffentlichen Straßen verbot. Die Mitglieder des 1909 gegründeten Schönecker Wintersportvereins errichteten gleich im Gründungsjahr im Görnitztal die erste Sprungschanze des Vogtlands. Heute ist Schöneck ein beliebter Erholungsort und Wintersportplatz. Rund um die Stadt findet sich ausgezeichnetes Skigelände mit drei Schleppliften, Abfahrtspisten verschiedener Schwierigkeitsgrade, einer Sprungschanze und einer Anzahl markierter Skiwanderstrecken. Anziehungspunkt in den Sommermonaten ist das Schwimmbad Haselmühle. Eine weitere Attraktion ist die Heimatstube. Hier ist vor allem die Ortsgeschichte sehr anschaulich dargestellt, beginnend mit Ausgrabungsfunden vom Gelände der früheren Burg auf dem Alten Söll.
Günter Zill, Schöneck

Am Fuße des Wendelsteins

Am Fuße des Wendelsteins liegt südlich der Stadt Falkenstein/Vogtland in einem Waldgebiet in 700 m Höhe der Ort **Grünbach**. Während der Wendelstein selbst mit 732 m Höhe ins Land schaut, ist der unweit des Ortes liegende „Rehhübel" mit seinen 788 m eine geologische Seltenheit. Seine überkippte Falte ist immer wieder Anziehungspunkt für viele Naturfreunde.
Grünbach selbst entstand als kleine Streusiedlung im Jahre 1535. Damals nennt man ein „newes Dörfflein mit acht Feuerstätten am grünen bächel". Bis ins 17. Jahrhundert hinein gingen die Menschen ihrer Arbeit als Waldarbeiter, Pechkratzer und Fischer überwiegend im Dienste derer von Trützschler nach. Erst 1772 setzte hier die Handweberei ein. In der zweiten Hälfte des 19. Jahrhunderts wurde die Handweberei von der mechanischen Weberei abgelöst. Als Spezialerzeugnisse fertigte man in Grünbach Madras, Brokat, Jacquard und Kongreßstoffe. Die Handstickerei setzte im Orte 1835 ein. Sie wurde 1895 durch die Schiffchenstickmaschine und 1912 durch die Automatenstickmaschinen abgelöst. Im Jahre 1913 erreichte das Stickereigewerbe seine Blütezeit. Mit der Entstehung größerer Betriebe und einer regen Bautätigkeit verlor der Ort seinen dörflichen Charakter.
Eng mit der Ortsgeschichte ist die an der Göltzsch gelegene Brettschneidemühle derer von Trützschler und die später daraus entstandene „Druckersmühle" verbunden. Der Name „Druckersmühle" ist auf das dort 1789 eingeführte „bedrucken von gewebten Stoffen" zurückzuführen. Nach dem zweiten Weltkrieg wurde die mehrmals umgebaute und industriell genutzte Mühle als FDGB-Ferienheim mit modernen Bungalows errichtet. Trotz der im Orte ansässigen Textilindustrie sowie der Lehrstätte des Werkzeugmaschinenbaus hat Grünbach als Höhenluftkurort Anerken-

Villa in Rodewisch

Die Falkensteiner Kirche mit ihrem 72 m hohen Turm wurde von Baumeister Uhlig erbaut.

◁ Blick auf Schöneck, die höchstgelegene Stadt des Vogtlandes

◁ Die Schützen-Apotheke in Auerbach, ein stattlicher Bau; rechts daneben das „Faß", in dem das bekannte Wernesgrüner Bier ausgeschenkt wird.

nung gefunden. In dem großen Saal der Turnhalle finden laufend Kulturveranstaltungen statt. Die Folkloregruppen, die Grünbacher Volksmusik und der Dorfklub sind allen Erholungsuchenden schon lange durch Funk und Fernsehen bekannt.
In den letzten Jahren entstanden im Ort schöne Land- und Einfamilienhäuser mit angenehmen Ferienunterkünften. Die Zahl der Erholungsuchenden übersteigt die 1800 Einwohner der Gemeinde jährlich um das Mehrfache.

Rudi Fücker, Grünbach

Bergstadt Falkenstein

Falkenstein wird als Burg „Valkinstein" im Jahre 1260 urkundlich erwähnt. Die im Schutze der Burg angelegte Siedlung wuchs sehr schnell. Als die Fronherren von Trützschler um 1400 Falkenstein übernahmen, machten sie es zum Mittelpunkt ihres Landbesitzes. 1463 erhielt Falkenstein das Stadtrecht vom Landesherren verliehen.
Als das Berggeschrei in das Vogtland vordrang, wurde Falkenstein Bergbaustadt. Das Ratssiegel aus dem Jahre 1643 zeigt „Hammer und Schlägel", das Werkzeug der Bergleute. Im 18. Jahrhundert kam der Bergbau zum Erliegen.
Anschließend kam in Falkenstein die Handweberei in Gang. Ende des 18. Jahrhunderts erzeugten Falkensteiner Weber das „Kammtuch", 1721 bildeten die Handweber eine Innung. Die Webwaren wie Kambrik oder Cambrai genannt, waren auf dem Weltmarkt begehrt. 1826 bis 1831 stellte Webmeister Gottlob Klotz als erster im Vogtland einen Jacquard-Webstuhl auf. In Falkenstein bildete sich die erste Handweberinnung. Es gab vorerst Haushandweber, die zusammen ein Handwerkerproletariat bildeten. Dieses spiegelt sich vor allem in den Revolutionsjahren bis 1849 wider. 75 Weber zogen bewaffnet nach Dresden, um die provisorische Landesregierung zu schützen, doch die Nachricht von der Niederlage der Aufständischen zwang sie zur vorzeitigen Rückkehr.
Am 12. August 1859 zerstörte ein Großfeuer den Stadtkern. Beim Wiederaufbau verfuhr man nach dem neuesten städtebaulichen Muster. Dadurch erhielt die Innenstadt ein anderes Aussehen. 1869 wurde die im neugotischen Stil erbaute Kirche unterhalb des Schloßfelsens geweiht.
In den achtziger Jahren baute man in Falkenstein eine Fabrik nach der anderen, in denen der mechanische Webstuhl und der englische Wirkstuhl zur Gardinenfertigung Einzug hielten. 1890 kam die Schiffchenstickerei hinzu. Im Jahre 1880 zählte die Stadt 5369 Einwohner. Zur Blütezeit der Schiffchenstickerei 1912 erreichte die Einwohnerzahl sogar 17 812.
Vor allem die Weltwirtschaftskrise der zwanziger Jahre brachte bittere Not in die Stadt. Hunderte waren arbeitslos. Die Textilindustrie lag völlig still. Trotzdem hat diese Stadt ihren Charakter als Stadt der Textilien nie verloren. Aus dieser Arbeiterstadt gingen immer wieder revolutionäre Kräfte hervor. Während der bürgerlich-demokratischen Revolution stellte sich sogar ein Adliger, Wilhelm Adolph von Trützschler, an die Spitze der Revolutionäre. 1849 wurde er in Mannheim von einem preußischen Exekutionskommando standrechtlich erschossen. Nach dieser gescheiterten Revolution gärte es in Falkenstein ständig weiter.
Heute produziert die Plauener Gardine, Werk Falgard, die Gardinen. Die Textilbetriebe stellen einen wirtschaftlichen Schwerpunkt in der Stadt dar. Neben diesen Großbetrieben entwickelten sich aus mehreren Kleinbetrieben die Firmen „Dekostoffe" und „Webtex". Viele kleinere Handwerksbetriebe schlossen sich zu Produktionsgenossenschaften zusammen, und nach 1945 kamen noch Betriebe der Metallindustrie hinzu.
Seit den fünfziger Jahren dieses Jahrhunderts hat sich in Falkenstein vieles verändert. Soziale Einrichtungen, staatliche Arztpraxen und Betriebsambulatorien wurden neu geschaffen. An der Allee entstand 1953 ein Tierpark. 1955 wurde hinter dem Stadion ein neues Freibad fertiggestellt. Vor dem Schloß schufen fleißige Bürger 1958 eine Parkanlage mit Springbrunnen. 1960 erbaute man das große Klubhaus der Falgard-Arbeiter, und 1969 entstand im Tierpark ein neues Tropenhaus. Hinter dem Gelände des Hauptwerkes der Falgard entwickelte sich ein moderner Stadtteil. Das Stadion wurde umgebaut und im Tal der Göltzsch die Sprungschanzen um- und ausgebaut. Die in den Jahren 1971 bis 1974 im Göltzschtal erbaute Brauchwasser-Talsperre dient als Naherholungszentrum mit Bademöglichkeit.

Helmut Martin, Auerbach

Stadt Auerbach – Zentrum des Ostvogtlands

Urkundlich wird Auerbach erstmalig 1282 erwähnt. Ein Dominus Chunradus Urbach wird als Vasall seiner Vögte genannt. Mitte des 14. Jahrhunderts wird ein Ullriko Auerbach mit dem Castrum belehnt, der wohl auch der Stadt seinen Namen entliehen haben wird. Die aus der Oberpfalz und Franken eingewanderten Siedler rodeten am Rande des riesigen Waldgebietes des Ostvogtlandes und gründeten im Schutze der Burg 1338 die Stadt Auerbach. Als Patrimonialstadt wechselten wiederholt ihre Besitzer.
Im 15. Jahrhundert war die Stadt als einzige im Ostvogtland mit Mauer umgeben und besaß vier Torhäuser. Acht verheerende Stadtbrände in den Jahren zwischen 1430 und 1834 legten die gesamte Stadt in Schutt und Asche. Dadurch wurde die wirtschaftliche Entwicklung der Stadt gehemmt.
Vorherrschend war innerhalb und in den angrenzenden Waldungen der Stadt der Bergbau. Es wurde nach Zinn, Eisenstein und Silber gegraben. Im Jahre 1507 gab es in Auer

bach schon ein Bergamt. Nachdem aus dem Sand der Göltzsch und dem Goldbach Gold gewaschen wurde, gab man 1543 der Stadt das Privileg, den Namen Bergamtsstadt zu tragen. Außerdem trieben die Auerbacher Bürger einen umfangreichen Pechhandel. Das in den nahen Waldungen gewonnene Pech wurde in 45 Pechhütten bearbeitet und in Fässern und Kästen in die Stadt gebracht, dort gelagert und in alle Länder verkauft. Das Recht, Pech zu gewinnen, hatten die Auerbacher Bürger schon im Jahre 1402. 1561 nannte man Auerbach auch die „Pechstadt". Ende des 18. Jahrhunderts hörte das Berggeschrei sowie die Pechgewinnung in und um Auerbach auf. Es kam die bereits im 14. Jahrhundert in Auerbach betriebene Handweberei wieder in Schwung. Dieser Wirtschaftszweig wurde vorerst für Auerbach bestimmend. Dazu kam die auf Baumwollverarbeitung gerichtete Textilindustrie in Gang und zu Ende des 18. Jahrhunderts die Weißwarenkonfektion.

Jahrhundertelang hatte bei Kriegen die Stadt als Durchzugsgebiet unter fremden Soldaten zu leiden. Die Bürger und Bauern bauten immer wieder ihre Stadt auf. Aus der erkannten Not gegen fremde Unterdrückung gingen unter den Bürgern revolutionäre Kämpfer hervor, die ihre Heimatstadt gegen diese Eindringlinge verteidigten. Im Jahre 1812 war es Wilhelm Anton Ackermann, der erst im Hinterland, dann im Lützowschen Freikorps gegen Napoleon kämpfte. Schon 1830 stellten sich die Turner und die Kommunalgarde auf die Seite des revolutionären Kampfes.

Bis 1849 gab es in Auerbach keine Ruhe unter den Bürgern. Karl Tedt, Bürger von Auerbach, war Abgeordneter im Frankfurter Parlament; seine politische Ausstrahlung wird wohl zu dieser regen revolutionären Tätigkeit geführt haben. Im Mai 1848 scharte der Auerbacher Lehrer Nietzsche ca. 100 Freiwillige, revolutionäre bewaffnete Kämpfer, um sich und zog mit ihnen nach Dresden, um die provisorische Landesregierung zu schützen. Nach der Niederschlagung der Revolution kam es in Auerbach weiterhin zu Unruhen. Daraufhin wurde die Stadt militärisch besetzt. Da dadurch für die Bevölkerung Not und Drangsale auftraten, schrieben die Handweber einen Bittbrief an den sächsischen König. Diese Bitte hatte keinen Erfolg. 1850 legte der damalige Bürgermeister Streit aus Protest sein Amt nieder.

Nun bestimmten die Königstreuen in der Amtsstadt Auerbach. Sie hatten alle Wirtschaftszweige in der Hand und förderten auch die Entwicklung der Industrie. Es entstand eine Fabrik nach der anderen. Vorerst wurden ihre in diesen Fabriken stehenden Maschinen mit Wasserkraft, später durch Dampfmaschinen angetrieben. Die neuen Webmaschinen waren denen der Handweber natürlich überlegen. Die Handweber sahen sich gezwungen, in den Fabriken zu arbeiten. Während der Zeit des Bismarckschen Sozialistengesetzes wurde das Auerbacher Amtsgericht zur Festung erklärt. Hier wurden viele Hunderte von Sozialdemokraten inhaftiert.

Anfang des 20. Jahrhunderts stand in der Industrie die Stickmaschine im Vordergrund, deren darauf erzeugte Ware in alle Welt exportiert wurde. Nach dem ersten Weltkrieg kam es in Auerbach zur Bildung einer Arbeiterwehr. 1920 schlug die Auerbacher Arbeiterwehr unter der Führung von Max Hölz die Reichswehrtruppen zurück, die Auerbach besetzen wollten.

Am 6. Mai 1945 wurde die Stadt kampflos an die Allierten Truppen übergeben. Die Antifaschisten der Stadt nahmen die kommunalen Probleme in die Hand. Zur heimischen Industrie kam durch die SDAG-Wismut der Bergbau zurück. Auerbach wurde zum Lager- und Verwaltungsmittelpunkt des Bergbaues. Seit 1950 begann man im Ortsteil Hinterhain mit dem Bau einer Bergarbeitersiedlung. Mit Hilfe der SDAG-Wismut wurde im Klubhaus ein Stadion mit Rollschuh- und Eisbahn sowie ein Sporthallenzentrum in der ehemaligen Nadena-Fabrik eingerichtet.

1980 bis 1986 wurden im Westen der Stadt die beiden Neubaugebiete „Louis Müller" und „Am Bendelstein" errichtet. Neben den Wohnungen entstanden eine Reihe von sozialen Bauten wie Kinderkombinationen, Feierabend- und Pflegeheime sowie drei altersgerechte Hochhäuser. Aus dem mit vielen Grünflächen und Baumgruppen unterbrochenen Häusermeer ragen Fabrikschornsteine heraus und künden, daß wir es mit einer Industriestadt zu tun haben. Auerbacher Textilien –, vorherrschend die Weißwarenkonfektion –, Robotron-Elektroschaltgeräte, Werkzeugmaschinen, „Knorr"-Nahrungsmittel sowie Lederwaren werden in alle Welt exportiert.

Helmut Martin, Auerbach

Erholung und Heilung

Schnarrtanne mit seinen Ortsteilen Vogelsgrün, Bad Reiboldsgrün, Grünheide, Albertsberg und Zöbischhaus liegt ca. 4 km östlich von Auerbach in berg- und waldreicher Umgebung in etwa 750 Meter Höhe am Laubberg (767 m ü. d. M.). Der Ort wird erstmals 1551 in einer Urkunde genannt.Nach dieser erhielt die auf „Göltzsch" (heute Rodewisch) gesessene Linie der Edlen von der Planitz die „Schnarthann" vom Markgrafen zu Meißen als Lehen. Die ersten Siedler waren Bergleute, die in den Waldungen nach Zinnerz und Silber schürften. Im Jahre 1557 ging der Ort in den vollen Besitz der Edlen von der Planitz des Schloßteils Auerbach über. Nachdem der Bergbau in der Zeit des Dreißigjährigen Krieges zum Erliegen kam, ernährten sich die Einwohner von der Wald-, Forst-und Viehwirtschaft.

Im Dreißigjährigen Krieg plünderten schwedische Söldner den Ort. Die Frauen, Kinder und alten Bürger hatten sich im Waldesgrund im ehemaligen Meierhof in einer Felshöhle versteckt. Die wehrfähigen Männer bewaffneten sich und trafen im Wald zusammen. Ein Hahnenschrei aus dem Meierhof verriet das Versteck der Frauen, Kinder und Alten. Die

Das Rodewischer Renaissanceschlößchen mit Museum auf der Schloßinsel

Kirche St. Ägidius in Lengenfeld mit Freitreppe, erbaut 1859-64 nach dem großen Stadtbrand vom 10. Mai 1856; davor das Kriegerdenkmal 1870/71 und der Annen-Brunnen ▷

Die 1699-1701 erbaute Dorfkirche in Stützengrün

Schweden gingen dem Schrei nach und plünderten am frühen Morgen des 15. Mai 1639 den Meierhof; die dort Versteckten nahmen sie als Gefangene in Richtung Auerbach über den Schafberg bei Rützengrün mit. An einem Hohlweg lauerten die bewaffneten Männer aus Schnarrtanne und Wernesgrün, überfielen die Söldner und befreiten die mitgeführten Gefangenen. Die Häuser und der Meierhof im Waldesgrund tragen seitdem den Namen „Hahnenhäuser".
Mit dem Bau einer Straße von Auerbach über Schnarrtanne nach Eibenstock im Jahre 1847/48 erhielt der Ort erstmals Anschluß an das Verkehrsnetz. In den Jahren nach 1880 suchten immer mehr Erholungsuchende das gastliche Dorf auf. Durch sein mildes Reizklima in sauberer Waldluft wurde Schnarrtanne als Höhenluftkurort bekannt und schließlich zum staatlich anerkannten Erholungsort erklärt.

Helmut Martin, Auerbach

Stadt Rodewisch – vogtländisches Astronomiezentrum

Der Marktflecken Rodewisch lag zwischen dem in Obergöltzsch gelegenen „Festen Hauses Göltzsch" und dem im nördlichen Teil befindlichen Hammerwerk mit Rittergut Niederauerbach. Die ursprüngliche Gründung geht auf das „Feste Haus Göltzsch" auf der heutigen Schloßinsel (Flurstück Nr. 1) zurück. Das mit einem Wassergraben umgebene burgähnliche Gebäude (Wasserburg) wurde im 15. Jahrhundert als kleineres Schloß erweitert. Wie die in den dreißiger Jahren dieses Jahrhunderts erfolgten Ausgrabungen bewiesen haben, ist die Burganlage fränkischen Ursprungs.
Auf der Burganlage „Göltzsch" wechselten mehrere Adelsgeschlechter. Ab dem Jahre 1525 ergriffen die „Edlen von der Planitz" durch Erbteilung Besitz von dieser Burg. Sie bauten diese immer mehr aus und legten ein Rittergut an. Im Nordteil, dem heutigen Stadtausgang, befand sich ein Hammerwerk, das den Namen Niederauerbach trug. Das dazugehörige Rittergut und der Hammer behielten auch im Jahre 1603 ihren Namen, als dieser ehemalige Hammer in ein Messingwerk umgewandelt wurde. Dieses Messingwerk bestand 321 Jahre und wurde erst im Jahre 1924 geschlossen. Letzte Überreste stehen heute noch.
Neben den Ortsteilen Obergöltzsch und Niederauerbach bildete sich Untergöltzsch mit einem Gut heraus. Erst im Jahre 1856 entstand durch Zusammenschluß dieser einzelnen Gutsbezirke eine Gemeinde, der Marktflecken Rodewisch. 1870 besaß Rodewisch schon 3400 Einwohner. In den Jahren 1890 bis 1893 wurde eine Landesheil- und Pflegeanstalt für Geisteskranke erbaut. Im ersten und zweiten Weltkrieg diente diese Einrichtung als Lazarett. Seit dem Jahre 1964 wurde hier ein Fachkrankenhaus für Psychiatrie und Neurologie eingerichtet. Das im Jahre 1910 in Obergöltzsch erbaute „Siechenheim" dient heute, nach mehrmaligem Um- und Ausbau sowie Neubau, als Kreiskrankenhaus.
In den Jahren 1900 bis 1914 entwickelte sich in Rodewisch eine rege Bautätigkeit. Neben Betrieben der Textilindustrie entstanden über 40 Wäschekonfektionsbetriebe. 1920 bis 1930 wuchs der ehemalige Marktflecken immer mehr zur Stadt heran. Es entstanden mehrere neue Straßenzüge sowie das Freibad, Sportplatz und Stadtpark. Die Gemeinde Rodewisch beantragte bei der Landesregierung Sachsen die Verleihung des Stadtrechtes. Dieses wurde am 8. Mai 1924 verliehen. Im Jahre 1930 wurde eine große moderne Schule, die „Pestalozzi-Schule", erbaut.
Während der Zeit des Faschismus kämpften Christen, Sozialdemokraten, Kommunisten und Demokraten gegen die „Braune Gefahr". Ihnen zum Andenken wurde ein Ehrenmal am Stadtpark gesetzt. Die ersten Maßnahmen nach der Zerschlagung des Hitlerfaschismus waren die Wiederinstandsetzung der durch den Artilleriebeschuß zerstörten Gebäude. Das vor dem zweiten Weltkrieg sich noch im Bau befindliche Rathaus mit Saal am Anger wurde fertiggestellt, eine Gaststätte mit Hotel unter dem Namen „Ratskeller" eingerichtet und 1951 das ehemalige Herrenhaus des Gutes Obergöltzsch auf der Schloßinsel ausgebaut sowie ein Museum eröffnet. Dieses zeigt neben seinen Beständen von den Ausgrabungsarbeiten des 13. bis 17. Jahrhunderts in seinen Sonderschauen Exponate der Volkskunst und des Kulturerbes sowie der Geschichte des Messingwerkes. Ebenfalls auf der Schloßinsel konnte das aus dem 16. Jahrhundert stammende Renaissanceschlößchen im Jahre 1960 nach intensiver Restaurierung der Bevölkerung als Kulturstätte übergeben werden. Von 1960 bis 1980 erfolgte der schrittweise Ausbau der Schloßinsel zu einem Naherholungszentrum.
National und international wurde Rodewisch durch seine Schulsternwarte bekannt. Sie hatte als erste Sternwarte die Flugbahn des ersten sowjetischen Sputnik sowie mehrerer Weltraumkörper und -stationen vermessen. In den späten siebziger Jahren wurde eine neue Sternwarte auf der Rützengrüner Höhe erbaut; in dieser Gesamtanlage befindet sich neben der Satellitenbeobachtungsstation auch ein Planetarium. Dieses trägt den Namen des ersten deutschen Fliegerkosmonauten „Sigmund Jähn".

Helmut Martin, Auerbach

Die „klingenden Täler"

Wer den zwölf Tälern und Gründen, über die sich die Gemeindefluren von Klingenthal und Zwota erstrecken, den schmückenden Beinamen „die klingenden" gab, ist unbekannt. Aber das Attribut war einst im wörtlichen Sinne treffend, denn noch um die Mitte unseres Jahrhunderts klang aus fast jedem Hause ein zartes melodisches Fiepen, das dem Kundigen verriet, daß hier einer der nach Hunderten zählenden Stimmer am Werk war, die den feinen Metallzungen der Mund- und Handharmonikas dank ihrem von frühester Kindheit an geschulten Gehör mit behutsamen Feilstrichen den rechten Ton gaben.

Einst Teil des in kurfürstlich-sächsischem Besitz befindlichen Schönecker Waldes, wurden die Täler der Zwota und Döbra verhältnismäßig spät erschlossen – viel später jedenfalls als die tiefer gelegenen Teile des Vogtlandes, dessen östlichsten Teil sie bilden.

Kerne der ursprünglichen zehn Siedlungen, die sich inzwischen zur Stadt Klingenthal und zur Gemeinde Zwota vereinigt haben, waren Hammerwerke und Waldgüter. Den wichtigsten Anstoß zur Erschließung gab das 1591 begonnene Hammerwerk „in der Helle" nahe der Döbramündung in die Zwota, das Sebastian Köppel aus Schlaggenwald (Horni Slavkov) errichten ließ.

Exulanten, ihres protestantischen Glaubens wegen aus Böhmen vertrieben, brachten um die Mitte des siebzehnten Jahrhunderts den Geigenbau mit in die Einsamkeit der abgelegenen Waldtäler südlich der Erzgebirgswasserscheide, wo sich das neue Gewerbe langsam, aber stetig entwickelte, wenn auch immer ein wenig im Schatten der Markneukirchener Geigenmacherinnung, die der seit 1716 bestehenden Klingenthaler Innung nicht nur an Alter und Erfahrung, sondern auch an Zahl der Mitglieder überlegen war.

Klingenthaler Instrumentenhändler führten in den zwanziger Jahren des 19. Jahrhunderts die Mundharmonikaproduktion hier an. Die seit dem 18. Jahrhundert in Klingenthal ansässige Firma C. W. Meisel ließ 1823 Mundharmonikas in ihrem Auftrag von einem Gelbgießer Langhammer in Graslitz anfertigen, nachdem einer der ihren ein solches Instrument von der Braunschweiger Messe mitgebracht hatte. Der weitgereiste Instrumentenhändler Johann Wilhelm Rudolf Glier, dem der Physikalische Verein in Frankfurt eine Mundharmonika geschenkt hatte, ließ sie von 1829 ab in der väterlichen Werkstatt nachbauen. Er wurde somit zum eigentlichen Begründer der Klingenthaler Mundharmonikaproduktion. Diese verdrängte zusammen mit der 1852 von einem gewissen Adolf Herold in Klingenthal heimisch gemachten Handharmonikafertigung in wenigen Jahrzehnten die älteren Zweige des Musikinstrumentengewerbes. Herold hatte sich seine Kenntnisse zuvor in einer Magdeburger Akkordeonfabrik angeeignet. Die Handharmonikafertigung wurde schließlich zum ökonomischen Hauptfaktor in den „klingenden Tälern", besonders nachdem durch die Einführung der Gewerbefreiheit in Sachsen am 1. Januar 1862 die letzten Schranken beseitigt worden waren, die bis dahin einer freien Unternehmertätigkeit im Wege gestanden hatten.

War Klingenthal auch von Anfang an nie eine Gemeinde mit vorwiegend landwirtschaftlicher Produktion, sondern nannte sich schon zu Beginn des 19. Jahrhunderts „Fabrikort", so prägten sich nach der Einführung der Gewerbefreiheit gewerbliche Strukturen und eine kleinstädtische Physiognomie immer deutlicher aus:

1875 erhielt die Gemeinde Anschluß an die Eisenbahn Chemnitz – Adorf und damit an das deutsche Bahnnetz, und 11 Jahre später wurde sie durch die Linie nach Graslitz mit dem böhmischen Streckennetz verbunden. Das war für das auf weltweiten Absatz orientierte Musikinstrumentengewerbe von lebenswichtiger Bedeutung.

1879 konstituierte sich in der Gemeinde ein Gewerbeverein und gegen Ende des gleichen Jahres nahm ein Gaswerk den Betrieb auf.

1906 errichteten Klingenthal und die Nachbargemeinde Brunndöbra Elektrizitätswerke, die nicht nur auch die übrigen Orte in den „klingenden Tälern" – Untersachsenberg, Obersachsenberg, Georgenthal mit Steindödbra und Aschberg sowie Zwota und Oberzwota –, sondern ebenso böhmische Nachbargemeinden mit Strom belieferten.

Kurz vor dem ersten Weltkrieg wurde das repräsentative Rathaus eingeweiht, das die Gemeindeväter in der Hoffnung einer baldigen Erhebung des Ortes zur Stadt am westlichen Berghang des Döbratales oberhalb des im Jahre 1900 vollendeten Marktplatzes hatten errichten lassen.

Während des Krieges wurde eine elektrische Schmalspurbahn vom Bahnhof Klingenthal nach Untersachsenberg gebaut und 1916/17 eröffnet, um die die Gemeinden im Döbra- und im Steindöbratal zweieinhalb Jahrzehnte lang hartnäckig gerungen hatten. Sie tat ihren Dienst bis 1964.

Am 19. September 1919 war endlich dem Antrag der Gemeinde um Genehmigung zur Annahme der Revidierten Städteordnung der lang ersehnte Erfolg beschieden, nachdem drei vorherige Gesuche – das erstemal 1656, dann wieder 1874 und 1897 – abgelehnt worden waren. Am 1. Oktober 1919 trat für Klingenthal die Städteordnung in Kraft. Fehl schlugen hingegen lange Zeit wiederholte Bemühungen der Klingenthaler Bürgermeister, die übrigen Orte in den „klingenden Tälern" zum Zusammenschluß zu bewegen. Dieser Zusammenschluß – mit Ausnahme Zwotas – erfolgte erst 1952.

Bedingt durch die Eigenart seiner Entwicklung bietet Klingenthal wenig städtebaulichen Reiz. Einzig die Kirche „Zum Friedefürsten" aus dem Jahre 1737, eine der drei Rundkirchen Sachsens, die den zweiten Weltkrieg überdauerten, ist ein bedeutenderes historisches Baudenkmal. So hat die Stadt auch nur ein bescheidenes Zentrum mit der Kirche, dem Rathaus, der Post und dem Bankgebäude rings um den Markt.

Der eigentliche Reiz der Stadt liegt unter anderem in der Eigenart, um nicht zu sagen Einmaligkeit seiner gewerblichen Entwicklung zu einem Weltzentrum des Musikinstrumentenbaus, besonders der Harmonikaproduktion. Seit 1946 finden hier alljährlich Musiktage statt, die sich seit dem Ende der fünfziger Jahre als Internationaler Klingenthaler Akkor-

Für Skiläufer ist das ostvogtländische Gebiet um Mühlleithen ein ideales Übungsgelände.

Eingesäumt von weiten Wäldern strahlt Mühlleithen wohltuende idyllische Ruhe aus.

Die warmen Strahlen der Herbstsonne erfreuen jung und alt.

Harmonische Eintracht mit der Natur verbindet die Häuser am Bergeshang von Zwota.

Westerzgebirgische Kammlandschaft bei Klingenthal

deonwettbewerb hohes Ansehen in der Fachwelt erworben haben. Jahr für Jahr im Monat Mai führt dieser Wettbewerb die besten Akkordeonsolisten und hervorragende Orchester nicht nur aus europäischen Ländern, sondern auch aus Übersee nach Klingenthal.
Die Lage Klingenthals und Zwotas in den Tälern der Zwota und Döbra, deren Sohlenbreite kaum mehr als 200 m erreichen, bringt es mit sich, daß die Grundrisse beider Orte mehr linienhaft verzweigt als breitflächig sind. Die Wohnstätten ziehen sich aber, vielfach lockere Gruppen bildend, wie die Gösselberghäuser, die Pudelmützhäuser, die Dreihöf, der Glaßentrempel oder die Neue Welt an den steilen Talhängen empor bis auf die umgebenden Berge und Hochflächen, die im Kiel 943 m ü. d. M. erreichen.
Entsprechend dem Höhenunterschied von mehr als 400 m zwischen dem tiefst- und dem höchstgelegenen Punkt des Klingenthaler Stadtgebietes (Zwotatal an der böhmischen Grenze (533 m ü. d. M.) bzw. Kiel (943 m ü. d. M.) zeigt auch das Mesoklima erhebliche Unterschiede: Oft wenn hoch oben noch Schnee liegt, öffnen sich in den Tälern die ersten Frühlingsblüten. Umgekehrt geschieht es, daß der erste Nachtfrost des Herbstes empfindliche Spätsommerblüher wie Dahlien in den zuweilen von einem Kaltluftsee erfüllten Tälern zuerst dahinrafft, während die gleiche Art in höheren Lagen drei, vier Wochen länger blüht. Den landschaftlichen Reiz des Musikwinkels – so nannte der Zwotaer Heimatdichter Max Schmerler das Gebiet um Zwota und Klingenthal – macht der stete Wechsel der vielfach verzweigten Täler und der sie trennenden und umgebenden, meist bewaldeten Höhen aus. Eine Wanderung auf dem gut beschilderten Rundweg um Zwota und Klingenthal eröffnet dem Auge immer neue überraschende Ausblicke. Von der Jugendherberge auf dem Aschberg aus sieht man bei klarem Wetter im Südosten den Kaiserwald in Böhmen und nach Südwesten zu das bayerische Fichtelgebirge. Die ausgedehnten Waldungen, meist homogene Fichtenbestände, nur an wenigen Stellen – so etwa auf dem Goldberg oder im Steinbachtal – Fichten-Buchen-Mischwald, bieten im Sommer reizvolle Wanderwege. Von Mühlleithen oder vom Aschberg aus gelangt man nach ungefähr zweieinhalb Stunden auf dem Kammweg zum Hochmoor des Kranichsees mit seiner seltenen Flora.
Nach Nordwesten zu führt von Mühlleithen aus ein schattiger Wanderweg entlang dem 1630 bis 1632 angelegten Floßgraben zur Talsperre Muldenberg oder über Kottenheide nach Schöneck, wo sich vom Alten Söll aus ein herrlicher Fernblick über die tiefer gelegenen Teile des Vogtlandes bis zum Fichtelgebirge bietet.
Gleichfalls von Mühlleithen aus, wo die Bundesstraße 283 den Erzgebirgskamm quert, kommt der Wanderer, vorbei an dem Waldweiler Wieselburg, zu dem einzigartigen Naturdenkmal des Schneckensteins, des einzigen Topasfelsens in Europa. Prächtige Schaustücke dieses Halbedelsteins befinden sich in der einstigen Schatzkammer der sächsischen Kurfürsten, dem Grünen Gewölbe in Dresden.
Vom Klingenthaler Stadtzentrum aus führt nach sehr steilem Aufstieg ein Wanderweg entlang der böhmischen Grenze an den Drei Rainsteinen vorbei in das stille Waldtal der Landesgemeinde.
Der Wintersportler findet auf den Hochflächen um Aschberg, Mühlleithen, Winselburg, Kiel, Schneckenstein, Kottenheide und Schöneck von Dezember bis März in einer Höhenlage zwischen 750 und 950 Metern viele sorgfältig gespurte Loipen, die sowohl den Ansprüchen des Skiwanderers als auch des aktiven Rennläufers gerecht werden. Sanfte und steile Hänge in Zwota, nahe dem Klingenthaler Stadtzentrum, in Mühlleithen und im Rödergründel am Aschberg bieten Anfängern, Fortgeschrittenen und Meistern des alpinen Skisports gleichermaßen gute Möglichkeiten. Schlepplifte erleichtern dem Sportler den Wiederaufstieg nach rasanter Talfahrt.
Wer den Skisport nur als Zuschauer erleben will, sollte die Wettkämpfe bei dem alljährlich stattfindenden Internationalen Damenskirennen oder bei Sprungläufen auf der Vogtlandschanze besuchen.

Dr. Kurt Kauert, Klingenthal

Naturschutzgebiet „Großer Kranichsee“

Auf dem Kamm des Westerzgebirges, dort wo das historische Vogtland seinen höchsten Punkt (Schneehübel: 972,5 m ü. d. M.) nahe der böhmischen Grenze erreicht, liegt der „Große Kranichsee“. Sein Name erweckt falsche Vorstellungen. Aus „granica“ (slaw.: Grenze) und „sewes“ (mittelhochdeutsch: Sumpf) zusammengesetzt, entstand die Bezeichnung für ein Hochmoor, das zu den ersten Naturschutzgebieten dieser Gegend gehört. „Krummholz-Hochmoor, Naturschutz-Bezirk des Sächsischen Erzgebirges laut Verordnung des Königlichen Finanzministeriums vom 19. Februar 1912“ – Schilder mit dieser Aufschrift ließ die oberste Forstbehörde, die damals noch dem Finanzministerium unterstand, dort aufstellen.
Hochmoore, von denen es gerade im Erzgebirge eine ganze Reihe gibt, entstehen alle auf die gleiche Art und Weise. Eine flache tellerförmige Mulde im kristallinen Gesteinsuntergrund – beim Kranichsee ist es Eibenstocker Granit – wird durch lehmige und tonige Verwitterungsprodukte mit einer wasserundurchlässigen Schicht überzogen. In der so entstandenen und von Niederschlägen gefüllten Vertiefung bildet sich aus mineralischen und pflanzlichen Bestandteilen zunächst ein Flachmoor, das dann von Hochmoorpflanzen überwuchert wird. Die tieferen Teile sterben immer wieder ab und oben entstehen, besonders im Zentrum, immer wieder neue Torfmoosschichten. So wölbt sich nach vielen Jahrhunderten das Hochmoor uhrglasartig wie ein gewaltiger

wassergefüllter Schwamm heraus. Der Große Kranichsee hat einen Durchmesser von etwa 250 m und ist in der Mitte maximal 15 m mächtig. Seine Höhenlage von 940 m ü. d. M. wird oft fälschlicherweise als Ursache für den Moortyp angesehen. Es gibt aber auch in Küstennähe, also im Tiefland Hochmoore; entscheidend ist nur das vom geologischen Bau abhängige charakteristische Wachstum. Weil über den Wannen der Hochmoore häufig Kaltluft entsteht, die wegen der geringen Neigung der Hochflächen nicht abfließen kann, dauert die Frostperiode dort sehr lange. Durch die kurze Vegetationsperiode – am Kranichsee sind es weniger als 130 Tage – wird vielen Pflanzen die Lebensgrundlage entzogen. Es gibt aber auch Pflanzen, die nur hier gedeihen, so hat z. B. das Braune Torfmoos (Spagnum fuscum) auf der Carlsfelder Hochfläche singuläre Standorte.

Hochmoore haben neben der besonders stickstoffarmen, sauren Flora eine nicht zu unterschätzende wasserwirtschaftliche Bedeutung, da sie natürliche Wasserspeicher sind, die auch den Wasserstand der Flüsse regeln. Dadurch werden sowohl Hochwassergefahren als auch Austrocknungserscheinungen erheblich abgeschwächt. Für den Großen Kranichsee wurde einmal berechnet, daß er bei völliger Sättigung ein Jahr lang 500 Liter Wasser pro Sekunde abgeben könnte. Nicht umsonst entspringen dort drei wasserreiche Bäche, die Große Pyra und die Wilzsch, die nach Norden zur Zwickauer Mulde entwässern, und jenseits der Wasserscheide die Rohlau, die zur Eger nach Süden fließt.

Neben Torfmoosen und Krummholzkiefern gibt es im Hochmoor besonders viele Beerenarten, Flechten, Gräser und andere eigentümliche botanische Seltenheiten. Viele Pflanzen findet man sonst nur in der Tundra oder im Hochgebirge. In der Tiefe des Moores sind die Pollen der Wälder aus längst vergangenen Jahrtausenden konserviert.

Mittlerweile ist aus den 10 ha reiner Moorfläche, die 1912 unter Schutz gestellt wurden, ein 304 ha großes Naturschutzgebiet geworden, das zu drei Vierteln im Vogtland liegt und die gesamte Umgebung des Kranichsees mit einbezieht. Damit wurde ein ganzer Komplex von Wasserscheidenhochmooren mit sehr naturnahen Fichtenwäldern der hochmontanen Stufe in verschiedenen Ausbildungsformen unter Schutz gestellt. Das etwa 1 km nordwestlich vom Kranichsee liegende 16 ha große und 4,5 m tiefe „Kiebickenmoor“ wurde, wie der Kranichsee selbst, innerhalb des Naturschutzgebietes zum Totalreservat erklärt. Der Name „Kiebicken“ bedeutet kleine Kiefern, die hier zwischen den Quellen der Kleinen Pyra und der Wilzsch in einer Längserstreckung von 500 m anzutreffen sind. Wegen des absoluten Schutzes wurde der Bohlenpfad entlang der Staatsgrenze durch den Moorkern des Kranichsees, wo früher der Erzgebirgsverein sogar ein Aussichtsgerüst errichtet hatte, entfernt. Diese Maßnahme hat sich auf die Selbstregeneration der Torfmoose günstig ausgewirkt, die durch den unkontrollierten Tourismus stark in Mitleidenschaft gezogen worden waren.

Auch der 20 ha große, urwüchsigere böhmische Mooranteil ist von den tschechischen Naturschutzbehörden zum Reservat erklärt worden. Am 6 km weiter östlich gelegenen Kleinen Kranichsee ist ebenfalls ein grenzübergreifendes Naturschutzgebiet entstanden.

Territorialgeschichtlich ist das Kranichseegebiet ebenfalls sehr interessant. Die jetzige Kreisgrenze zwischen Klingenthal und Aue war jahrhundertelang die Trennlinie zwischen dem vogtländischen und dem erzgebirgischen Kreis Kursachsens. Zwar gehört die ganze Gegend in 20 km Umkreis landschaftlich vollständig zum Oberen Westerzgebirge, aber verwaltungsmäßig trafen hier das Vogtland, das Erzgebirge und die böhmische Herrschaft Heinrichsgrün der Grafen von Nostitz-Rhieneck zusammen.

1937 wurden am Großen Kranichsee 94 ha Staatswald des Forstreviers Rautenkranz von Sachsen aus- und nach Böhmen eingegliedert. Das geschah auf Grund des „Tschechoslowakisch-deutschen Vertrages über Flußläufe im sächsischen und bayerischen Grenzabschnitt und Gebietsaustausch“, der am 27. September 1935 in Bad Elster unterzeichnet und am 22. Oktober 1937 in Kraft trat. Es ist die Austauschfläche für das gleich große „Schimmelgebiet“ zwischen Bad Elster und Bad Brambach, das die Tschechoslowakei auf deutschen Wunsch hin abgetreten hat. Auf dem Schwerdtweg (blaue Markierung) kommt man nach 6,5 km vom Aschberg bzw. 3,5 km von Carlsfeld an diesem neuen und jüngsten Abschnitt der sächsisch-böhmischen Grenze vorbei. Er ist fast 2 km lang und liegt zwischen den Grenzsteinen 2 und 4 im Abschnitt XIX. Damals mußten 32 der 54 ausfallenden Steine vom alten Standort umgesetzt werden.

Eine Kammwanderung durch die herbe Hochmoorlandschaft am Großen Kranichsee ist sehr zu empfehlen. Jedoch sollte man beachten, daß hier im östlichsten und höchsten Winkel des historischen Vogtlands der letzte Schnee erst im Mai taut, da die Gegend zu den niederschlagsreichsten und kühlsten Gebieten unserer sächsischen Gebirgsheimat gehört.

Werner Pöllmann, Siebenbrunn

Die Eibenstock-Talsperre mit einem Fassungsvermögen von 6 Millionen Kubikmetern trägt zur stabilen Wasserversorgung bei.

Auf dem Ausläufer des westlichen Erzgebirges an der Grenze zur Tschechoslowakei liegt das Hochmoor Kranichsee. ▷

Im Wir-Verlag erschienene Textbildbände:

Frankenwald mit Umgebung
ISBN 3-924492-57-3, DM 34,80

Thüringer Wald
ISBN 3-924492-50-6, DM 49,80

Nordwestlicher Thüringer Wald
ISBN 3-924492-51-4, DM 34,80

Südöstlicher Thüringer Wald
ISBN 3-924492-52-2, DM 34,80

Vogtland
(Band 1: Raum um Hof und Plauen)
ISBN 3-924492-53-0, DM 34,80

Vogtland
(Band 2: zwischen Thüringen, Sachsen, Bayern und Böhmen)
ISBN 3-924492-55-7, DM 29,80

Obere Saale / Thüringer Schiefergebirge
ISBN 3-924492-54-9, DM 29,80

Westliches Erzgebirge
ISBN 3-924492-56-5, DM 29,80

Zwickau mit Umgebung
ISBN 3-924492-58-1, DM 24,80

Klingenthal
(Chronik rund um den Aschberg)
ISBN 3-924492-59-X, DM 29,80

Bergbau und Bergleute
ISBN 3-924492-21-2, DM 29,80

Stauferkreis Göppingen
ISBN 3-924492-04-2, DM 29,80

Ries, Härtsfeld, Heidenheimer Alb, Albuch
ISBN 3-924492-03-4, DM 29,80

Aalen, einst und jetzt
ISBN 3-924492-22-0, DM 38,00

Wege zum Glücklichsein
ISBN 3-924492-32-8, DM 29,80

Grüne Juwelen
(Wandern in Baden-Württemberg)
ISBN 3-924492-31-X, DM 29,80

Obere Saale
(Wandern im Raum Schleiz)
ISBN 3-924492-60-3, DM 9,80

Obere Saale
(Wandern im Raum Lobenstein)
ISBN 3-924492-61-1, DM 9,80

Zauberhaftes Südtirol
(mit viersprachigen Bildtexten)
ISBN 3-924492-11-8, DM 38,00

Schwäbische Alb-Serie:
(alle nachfolgenden Bände komplett dreisprachig)

Vom Neckar zur Donau
ISBN 3-924492-08-5, DM 39,80

Landkreis Reutlingen
ISBN 3-924492-09-3, DM 39,80

Fils, Teck, Hohenneuffen, Hohenurach
ISBN 3-924492-06-9, DM 39,80

Hohenstaufen, Hohenrechberg, Stuifen
ISBN 3-924492-05-0, DM 39,80

Donau, Ries, Ostalb, Brenztal
ISBN 3-924492-07-7, DM 39,80

Rund um den Schönbuch
ISBN 3-924492-40-9, DM 39,80